唯一中文繁體版・全新譯本

我們如何思考

杜威論邏輯思維

約翰・杜威——著　章瑋——譯

HOW WE THINK

by John Dewey

目錄

導讀 世界星移斗轉，教育卻古今一轍？ ◎邱淑惠 6
專文推薦 活生生生活著的杜威 ◎吳毓瑩 12
前言 36
第一部 訓練思考的問題 39
第一章 什麼是思考？ 40
第二章 訓練思考的必要性 55
第三章 思考訓練的自然資源 72
第四章 學校環境和思考訓練 90
第五章 心智訓練的方法和目標：心理學和邏輯上的 102
第二部 合乎邏輯的考量 115
第六章 完整思考行為的分析 116

第七章　系統的推論：歸納和演繹　129
第八章　判斷：事實的詮釋　154
第九章　意義：或，觀念和理解　172
第十章　具體思維和抽象的思考　195
第十一章　經驗和科學思考　205

第三部　思考的訓練　219

第十二章　活動和思考訓練　220
第十三章　語言和思考訓練　234
第十四章　心智訓練的觀察和資訊　254
第十五章　授課和思考訓練　268
第十六章　一般性結論　283

導讀

世界星移斗轉，教育卻古今一轍？

邱淑惠 國立台中教育大學幼兒教育學系教授

杜威是與國父孫文同時代的哲學家。國父在中國掀起一場政治革命，杜威則在美國掀起了一場教育改革。杜威反對傳統灌輸式的教育理念，他倡導的「教育即經驗」、「從做中學」、「以學生為本位」等，是現代教師耳熟能詳的理念。但教育改革至今，杜威的理念仍然未能普遍落實。這或許是因為我們的師資培訓，無法培育能落實杜威教育理念的教師。再加上，家長和政客對杜威的教育學不甚瞭解，即使學校、教師有心改革，也需要面對重重阻礙。在杜威創建他的實驗學校一百二十年後的今天，世界星移斗轉，學校的教學方式，卻仍是古今一轍。

筆者當初選擇投入幼兒教育領域，也是有感於小學以上的學校教學，過度強調片段、抽象的知識，無法讓孩子感覺到知識的價值。最能實踐杜威教育理念的，可能只有在幼兒教育階段。如今「從做中學」，以「幼兒為本位」，已經在許多幼兒園落實。但筆者在大學任教，依舊常遇見無論如何提問，總是沉默以對的大學生，難免心中質疑，我們的教育怎麼了？在幼兒園經常可以看到，孩子搶著舉手回答問題，對事物勇於探究，這樣的孩子長大怎麼會變成這樣？我們可以如何重燃孩子的學習熱情？在杜威的這本書裡，可以找到解答與具體建議。

教育應該如何落實？要回答這個問題，首先要確定教育的目標為何。如果我們希望培養能獨立思考的孩子，就要知道人在哪種狀況下比較願意思考。杜威認為思考不是自發的，是要有困惑、碰到問題才會開始思考。那麼，教育就應該營造情境，讓學生有機會面對問題，在解決問題的過程中練習思考。大學生面對教師提問時的表情木然，是他們已經不習慣思考，還是問題無法引起他們的興趣，沒有動機思考，或不想回答問題，還是在他們過去的學習經驗中，已經習慣老師有他們想要的答案，如果猜不到老師要什麼而無法不回應，他們知道老師通常會自行宣告答案。這樣的互動，是不是已經讓孩子不習慣思考？

本書的第一部，杜威就仔細地討論思考的定義，以及在學校環境中，教師所提供的榜樣、學科本身的特質、當今的教育目標，都可能破壞學生的思考習慣。第二部，杜威討論完整思考的步驟，以及思考過程所涉及的判斷、詮釋和歸納演繹。杜威也對具體思維和抽象思考，經驗法則和科學思考加以區別，為本書第三部的思維訓練提供立論基礎。例如，教學要從「具體到抽象」。這句名言大家都聽過，但對何謂具體，何謂抽象，沒有清楚的概念，經常詮釋為「教育應該先從教導具體的事物開始，再提升至抽象的理論」，但這只是一知半解。依據這樣的詮釋，教師以為只要讓孩子用木條、豆子或圓點等實物，完成老師指定的數字問題就是具體。但就杜威的觀點而言，「具體是指將思考應用於活動上，以便解決實務上的困難」，「只要讓孩子清楚知覺到數字關係的用途和意思時，就算只使用數字本身，數的觀念仍是具體的」，例如查看時刻表和價目表，規劃旅行出門和回來的時間，以及計算所需車資，就是由解決實務問題瞭解數字。思考訓練應該要用生活化的問題，啟發孩子的好奇心，讓孩子養成探索和測試的思考習慣。然而學校教育太常提供人為虛假的問題，例如雞兔同籠，讓孩子無法感覺到知識的價值而喪失求知慾。

由杜威的觀點來看，面對課堂中大學生沉默以對的問題，筆者身為教師，應該以身作則，由解決這個問題開始進行思考。由本書建議的思考步驟，筆者可以透過觀察、蒐集資訊定義面臨的問題，確定這群大學生不回答問題，是習於被動等待老師傳遞知識，還是筆者的提問與生活脫節，學生無法回答或沒有意願回答，又或者是筆者的教學規劃無法引起學習興趣，還是以上皆是，或者以上皆非。面對這種種的聯想，筆者心中要先有個暫定的假設，才能擬定解決方案。如果筆者對大學生的思考能力還抱希望，先假設問題是出在自己的教學規劃上，那麼解決問題的方法，就應該是改變教學規劃。

傳統上的教學規劃有五個步驟：(1)準備，(2)呈現，(3)比較，(4)總括，和(5)將通則運用至新例子上。杜威指出這五個步驟，與思考的三步驟相符：(1)，了解特殊或特定的事實：用問題喚起學生的經驗，將經驗與新的學習內容連結，目的是讓學生學習特定事實。(2)，理性地總括：讓學生比較新學到的事實，排除事物間偶然和不重要的特性，形成新觀念和新原則。(3)，應用和證實：應用新原則到新情境，測試原則的適用性。也就是，教學規劃與思考步驟有相似的邏輯順序。杜威更強調，這樣的邏輯性，只是教師備課前的思考順序，是一個已經熟悉教材的專家思考方式。但初學者的思維不是如此，實際的授課程序要因應學習者的心智，可以從任何一個步驟開始，而且過程可能是在這些步驟間，來來回回的曲折進行，需要靈活彈性。

據此，筆者可以反思的是，自己的教學步驟，是不是和大多數教師一樣，過於僵硬，準備和呈現知識階段過於冗長，讓學生的注意力雲遊四海。筆者改變教學規劃的具體作法，就可以是隨時觀察學生的反應，彈性變化教學步驟，例如：在教育概論課程中，不再給予過長的準備呈現階段，而是提早讓學生應用知識，針對教育議題辯論，讓學生由辯論過程中，發現原則的不適用之處，然後才倒回去蒐集遺漏的事實、修正觀念等等；在步驟間來回穿梭，就像高山火車，以「之」字形的方式前進。當筆者實際執行改變後，也要繼續蒐集學生的反應以檢視成效，然後據此修正假設或確立假設。

閱讀此書，筆者發現，杜威百年前指出的思考與教育迷思，百年後依然存在。杜威的理念依然前瞻。少數筆者所見，能落實杜威教育哲學的學校，學生也如杜威所預測的樂於學習，勇於面對問題、解決問題。本書所談的完整思考步驟，也可用於解決讀者在其他領域中遇到的困難。時值政府大力推動實驗教育之際，誠摯的期待杜威的理念，能在更多的學校落實。最後，要回答有些人心中的疑惑：為了學習數字的實務應用，就要出外旅行，是不是大費周章？杜威強調的學習是統整的。一個統整的課程主題，例如：廚房裡的科學，可能為了製作酵母，而出外探訪老祖母的祕方，而這樣的外出，正好需要規劃行程。生活中存在太多的真實問題，可以提供孩子思考的機會。有規劃的老師，不會只是為了旅行而旅行。

專文推薦

活生生活著的杜威

吳毓瑩 台北教育大學心理與諮商學系教授兼教育學院院長

我們都聽過杜威，這是教育研究者與實務工作者決不會錯失的大大。教室中的標語，「做中學」，就是杜威的名言。我們常看到這三個字掛在教室中，但也不曾細想是誰說的，總覺，這是普通常識嘛，自然，老師們也不會去問出處了。沒錯，這就是我喜歡的杜威，生活的杜威。這句話後來演變成「我聽，我忘了；我看，我知道；我做，我會了。」可見杜威在我們的生活中，連說過的話，都是活的，會成長。

杜威自己也清楚說過，「哲學是個一種想望的形式，行動的努力——智慧的熱愛。」（1919年出版的《哲學與民主》）聽他這麼說，我們也覺得挺放心的，開心地相信哲學並不是高深難懂的學問，是生活的智慧，也是活生生的語言。

動手做的杜威

要如何生活呢，杜威是一個動手做的人，再理想的教育理論，再高深的教育哲學，比不上現場的行動。而好的教育哲學，攤開來，應該是一套可踐行的計畫。於是杜威挽起袖子親力親為，以芝加哥大學為主體，創辦實驗學校。杜威以及杜威夫人（Alice Chipman Dewey）親身參與其中，與學校教師一起設計課程，與大學校長一起煩惱經費。可惜為時不長，一八九四籌設到一九〇四，十年努力之後，因為與校長理念不合辭職而去，大學也結束了實驗學校。

二〇〇八年，我去夏威夷參加會議發表論文，當時我們被引領去參觀夏威夷大學附設實驗學校。心想，大學附設學校就是一個很有理念引領趨勢的實驗學校吧，卻沒想到我在這兒遇見杜威。遠在美國五大湖邊芝加哥大學的實驗學校百年前就收攤了，而杜威學校在夏威夷，擔負起更大的責任。

杜威在芝加哥實驗學校創辦後第三年（1899）造訪夏威夷，與當地仕紳Castle家族深入討論，如何讓教育扎根。家族根據杜威的理想建立Castle Memorial Hall培訓托兒所與幼稚園教師，不久擴充招收幼稚園到十二年級學生。後於一九〇七年併入夏威夷大學，成為附設學校，招收幼稚園到十二年級學生，全部年紀皆備。每個孩子入學都需經過申請的程序，可佩的是，審核目的在於讓整所學校學生族裔人口與社經背景之比率，模仿夏威夷州學生母群，以作為課程研究與發展之實驗場所。因此，我們在這兒並未看到優秀學生的教育範式如何進行，而是見證到學校努力找到好方法、設計好課程，在此進行實驗，以能帶動全夏威夷州學生。

我與夥伴去南京尋找研究田野時，在南京師範大學附設小學操場之一隅，不預期地也與杜威相遇。

杜威曾於民國八年（1919）五月一日抵達上海，三天後，五四運動在北京爆發。杜威親眼見證中國新文化運動的過程，尤其是學生及大學老師的影響力。當時杜威講學場所就是這一棟位於操場一隅的二樓洋房建築中，名為杜威院。

樓前石碑上仍記著當年的足跡：

南京高等師範學院
附屬小學杜威院

中華民國八年十月建
是歲美杜威博士寔來
黃炎培

（碑文中的「寔」，通「實」，現在很少用了，表示貴賓蒞臨的意思。黃炎培先生應為當年江蘇省教育司司長。）

夏威夷大學附設實驗學校 呂金燮拍攝

南京師範大學附設實驗小學 杜威院

杜威院前石碑

杜威的足跡，相隔百年，與我們的腳步，仍時常交錯著。歷史不會記得杜威與芝加哥大學校長理念不合之處是什麼，造成了實驗學校收場。但是百年之後，做中學的精神，寫在很多教室的牆壁上，活在很多老師的實踐中，是活脫脫活著的教育、生活中的教育、為生活的教育。

實踐背後的哲思，是什麼呢？

大家常聽「不管黑貓白貓，會抓老鼠的貓就是好貓。」用這句話描述實用主義，非常簡化，卻也很傳神。是的，杜威說，「思考的最佳意義，就是考量信念的基礎以及信念所造成的結果。」（p.44）以上句話為例：(1)這信念的基礎是兩種動物，其中的關連是老鼠會被貓抓，更廣義的基礎是老鼠為害、希望老鼠被抓；(2)這信念的結果是，貓要把老鼠抓到，至於黑貓還是白貓，就不在信念定義的範圍內了。這也會連結到我們常說的，成者為王，敗者為寇；或說，英雄不怕出身低；都是結果論。因為結果論，故實用主義也常與效益主義（utilitarianism）或是後果主義（consequentialism）交互論述。那麼，你應該想到了，杜威很講求現實生活的使用，是的，他稱自己是實用主義者（pragmatism）。

從實用主義角度言，人類如何思考，當然與「思考如何有用」相關了。換言之，選擇，就是反省性思考的最佳寫照。杜威在第一章中舉了一個旅人的例子：旅人站在岔路面前，有兩種「選擇的方式」可以採用：一是閉者眼睛隨意選，一切交給命運；二是思考不同的路會帶出什麼後果，來選擇恰當的路。當旅人在躊躇、延宕、思索、找證據、觀察、估量時間等等，就是反省性思考。所謂反省性，意指目標導向下對於問題的解答、對於困惑的解決，以及對於結果的掌握。《我們如何思考》這本書於一九一〇年出版，五年後美國詩人Robert Frost寫了一首詩「一條我沒走的路」（The road not taken）送給他的好友英國小說家Edward Thomas。我不知他是否受到杜威啟發呢，或者是同時代中、同一個文化，或是群體的同時性與共同感，仿如群體的共同演化之基因，稱為瀰因（Meme）。我想當時社會中因為戰爭的擔心與生存的焦慮，共同有著選擇、後果以及承擔的考量。從理智的哲學思辯到詩意的美感中，我們都看到了停留、躊躇與選擇，詩中最後八行這麼說：

我把第一條路留著改天吧！
即使知道這條路會走向何方，
我也懷疑我還有可能再回來。
他日回首我會一嘆，
由此之後的好多年又好多年，
林中兩條路岔開，而我站在前，
我選擇了那條人跡較少的路，
也決定了以後所有的不同。

詩人寫好詩後寄給了好朋友小說家，小說家收到詩不久，轉身投入戰爭（第一次大戰），兩年後戰死沙場，沒有再回來。

杜威說，旅人的目的如果是一條美麗的路徑，則他的考量與建議所依循的原則，就與一條進城的路完全不同。我們面臨的問題會決定我們的目的，而目的掌控了我們思考的歷程。

一九二〇時杜威在南京，論及他所主張的實驗邏輯（experimental logic），提及近代哲學派典基本上有兩個取向：理性主義（rationalism）——以笛卡兒為代表；經驗主義（empiricism）——以洛克為代表，他說，「近代西洋哲學史上二百五六十年間（1600~1860）最激烈的征戰，就是在談理性（reason）和感覺（sensation）應當占什麼位置。」（杜威，1920/2009，頁168）關於我們人世間，實在（reality）是什麼？存有（existence）的性質是什麼？或者白話說，生活是由什麼在運作？該如何歸類？如果將這些問題推到兩個相對的極端，便是理性主義與經驗主義各自的本體論。

理性論者認為在生活當中，運作的是人們的理性，理性乃是先天良知，超越一切，不必由五官感覺得來。由於經驗因人因環境而異，沒有一定標準，是以尋找絕對的知識，必求之於理性。理性超越日常生活的感覺，若要尋求精神道德與倫理，就要回到理性思維。尤其面對未來的生活，人們尚未經驗到，更需靠理性來理解與想像。

經驗主義則強調人們對於生活世界的認知，來自經驗感覺，世界的存有乃以經驗感覺運作之。感覺與經驗人人皆有，沒有階級之分，雖然經驗的範圍只能限於所能經驗者，但皆具體、實在，不致於遐想甚至於落入意識型態之危險。

站在上述相對的兩個立場之間，杜威等實用學者則認為，二者皆過於極端。理性論所強調的，全稱概化之原理原則實為統整事務的工具，具有引導性，可是卻把原理原則看得太神聖，不可侵犯，錯了；經驗論否認全稱概化的觀點，以感官經驗為重，也錯了。無論如何，思考乃是我們解決問題的工具，那麼，作為工具，沒有不能變更的道理。說到這兒，是否讓你想到中庸的哲思呢？孔子曾說：「執其兩端，用其中於民。」（中庸第六章）重點不僅在兩端、在中道，更重要的在於「用」出來，也就是「庸」這個字的本意。本書中，你將會看到杜威如何執理性主義與經驗主義這兩端，權衡二者，交錯使用，把思考用在生活中。

杜威認為思考的起點是經驗，乃是生活的歷程，我們不斷記錄過去，運用理性思惟，往前進取，推想並預測將來。由經驗抽象出來的原理原則，可幫助我們從未來的結果，反省過往經驗，而於此刻採取行動。這就是思考的目的：預測未來、反省過去，解決問題、採取行動。杜威還說，「一個孩子（或是成人）碰到問題時，如果他之前從未有過任何相似的經驗，那麼要求他思考，是完全沒有用的。」（第一章），換言之，對杜威而言，沒有經驗，何來思考？

我們如何思考三部曲

《我們如何思考》（*How we think*）書名很杜威。很少書名，尤其屬於比較嚴肅的內容或課題，會把「我們」兩個字放進來。正如杜威一向的風格，他與我們在一起。整本書分成三個部分，第一部分界說思考、思考的培訓原則、以及培訓的意義與目的。雖然說第一部的標題是「培訓思考的問題」，然則此問題不是在問培訓思考過程中會出現什麼問題，所以我們要如何面對與處理。「問題」在這兒指的是「為何要培訓思考？」此一根本性問題，亦即問，「我為什麼要做這件事？」我的女兒在偏鄉學校教英文，她就有這麼一個根本性問題。英文，是世界握有大權的國家之間權力分配後的結果，使得我們雖然一輩子可能不會用到英文，或是這一輩子會有多少機會與外國人溝通往來，但只因我們位於強權結構下的小國，所以課程綱要裡面一定要排出每周數節課來學習英文。為何不是學習客家話呢？客家話就在身邊，而且有更大機會遇見客家人與客家文化。英文老師反思：孩子往往不會說阿公阿媽說的河洛話或客家話，卻會說英文？客家話與河洛話中有很多漢音與古語，在文字學上以及語音學上都相當美，我們讓這樣的美不斷流失，卻把時間花在學習世界強權國家的語言？

像這樣的問題，就是一個根本性的問題，我們慣常將之翻譯為批判性思考（critical thinking），有時候誤導以為在批評或反對，不是的，反省性問題就是根本性問題，其實也就是意義性問題。這問題問下來，有許多思辯與考量，問的是：學習英文這個信念的基礎是什麼？怎麼來的？後果是什麼？我們選擇要不要學呢？

要回答這種根本性問題，其實很費腦力，滿痛苦，也很挑戰，考慮的角度很高，一點也不好玩，是嚴肅的議題。如同你在讀第一部文字的感覺類似，有時候覺得好硬喔，說這麼多，答案不就是一個，就是思考很重要啊。

那麼，是什麼動力讓我們不辭辛苦，對於一個可能很簡單的答案，繼續深挖進去，思考下去呢？答案也很不簡單，寫在第一部的最後。杜威說，真正的自由是智能上的自由（intellectual freedom），因為反省性思考，我們才得以擁有最大的自由。如果我們的行動來自未經考慮的衝動，被不平衡的感官與任性、或當下的環境所左右，那麼，我們就是陷害了自己，把自己綁在奴役的處境中。如果我們不思考，我們便成了口腹慾望與恣意感官的犧牲者。轉而言之，思考，才能解放我們的身體與心靈，才能掌握自我的主體性，在智能上成為自由的人，在人生中，身為深思熟慮的實踐者。

只是，你也許又要問了，這種根本性的問題，要思考多久啊？這倒是真的。有人是思考者，他會想很久很久，雖然痛苦，但也享受於痛苦中。有人則會劃定一個思考的範圍，或是說，追求意義的有限範圍，在既定範圍內想通之後，便去實踐。有限範圍的意義就上述例子而言，可以是「回到生活情境」，孩子在網路與電視上總也常常聽到英文，此頻率其實還高過聽到客語或河洛話呢，於是在此生活範圍內，讓孩子認識與學習一種語言，享受其音律之美，知道如何利用語言來簡單溝通，便是英文教與學的意義。想通了之後，我相信英文老師與孩子當也享受到心靈與智性上的自由。

走過嚴肅的「思考有何意義」之後，我們進入第二部分，杜威在第二部中進行重要概念的解說，以及這些概念在我們思考歷程中扮演的角色、發揮的功能。在這部分中，我們將會讀到歸納與演繹、事實與判斷、理解與意義、以及科學性思惟。

我在寫序的那一天，四月四日兒童節，發生了一個悲慘的意外。美國紐約皇后區一位十三歲少女，手機掉落地鐵站的軌道上，她跳下月台去撿，試圖爬上月台時，慘遭進站的列車撞上，送醫後傷重不治。

在這不幸的意外中，事情發生的那一刻是：「手機掉落軌道，我要把手機撿回來。」這是直覺，如果馬上以直覺來行動，跳下軌道撿手機，我們便服膺了直覺，沒有思考。如果此時轉入思考的模式，這一個事件便成為待解決的問題，思考開始啟動。此時讀者不妨先自己假想，你的思考歷程是什麼……想好後再讀下一段。

你大概會這樣想，糟糕，手機掉了，怎麼辦？要不要跳下去撿？哇，地下鐵軌道耶，會不會被撞死？好怕被撞死；抬頭看看遠方，好像沒有車過來；那我估計跳下去再爬上來，應該時間很短，足夠我撿起手機再回來的；再說我身手矯健，動作很快；前看後看，估量好沒有車的影子，加上自己的好體力，好，沒問題，我可以去撿。於是你跳下去，且身手矯健立刻爬上來，撿回手機。這是可能的，你也成功了。

或者，另外一個路徑，你抬頭看看遠方，沒有車過來，你甚至於趴在地上聽聽是否有車過來（像古代戰爭片那樣），不過大概聽到很多聲音實在無法判斷；你很想跳下去撿手機，但是你滿害怕的，也記得有警告提及任何東西掉落軌道，都要通知站務人員不可以進入軌道區；最後，你轉身跑去找站務人員，想要在列車入站時撿起手機，可不要被輾破掉就可惜了。

這樣一段歷程，以杜威來說，就是思考歷程，包含五個步驟：

1. 遭遇問題或困難，2. 辨識與定義問題，3. 聯想可能的解決方案，4. 推論方案的可行性或後果，5. 進一步觀察與實驗以得到結論。

這些步驟其實很簡單，在我們每天生活中不斷重複演出。那孩子或許也經歷了思考，最後作出判斷，遺憾的是發生這悲劇，家人、朋友、師長，都很難過。成為思考上自由的人可以擺脫感官的束縛，然而，卻不表示感官是錯或不可依循，感官的立即性感受，有時候亦可解懸與救命。還記得考試時候，必然耳提面命，碰到困惑的問題不知該如何選擇時，就以直覺來判斷，因為人類有很多學習，是先以感官留存在直覺中還未被意識覺察到。所以，感官或直覺沒有不好，但在於我們如何使用，這就是心智訓練。杜威在第六章最後，提醒我們，受過訓練的心智、也是教育的目標，在於讓我們得以判斷思考的步驟，要執行到什麼程度。每一個案例有不同重要性與脈絡因素，受過訓練與教育的心智便能根據經驗，掌握時機，判斷思考步驟的進程與快慢。經過訓練後的深思熟慮往往能對困難情境的判斷與行動，更為敏銳與直捷。

結合第一部與第二部內容，我們得到結論，思考的訓練與教育，讓我們在智能上與心靈上，作一個成熟的自由人。

咀嚼完第一部與第二部，接下來，你會進入愉快的第三部。啊？第三部：思考的訓練，會是愉快的嗎？是的，相信我。其實我更想建議讀者，如果不太喜歡讀這些意義、定義等的嚴肅內容，或者說，意義你已了然於胸——就是思考很重要啊；定義，你早已清楚摸透。你就是想要知道：到底思考要如何訓練呢？我買這本書的目的，不是要追尋意義或是解析定義，我想要知道怎麼行動、行動、行動。是的，我相信有些讀者是行動派與實踐者，那麼展開第三部，你就掌握了思考訓練的要方。

我在序言開端時提及了做中學。做，就是思考訓練的起始點。最最根本的做，就是我們的成長。我們哭泣、吃奶、走路、說話，成長，起始於腦部的指揮，身體的行動。因而，我們透過身體在社會互動脈絡中行動，得到訊息回饋給大腦，建立經驗。經驗的建立，學習的開始。

杜威說，心智生命的型態結構，實乃奠基於四、五歲時候（第十二章）。阿德勒也說，二、三歲時，孩子已經開始在摸索如何適應環境、也正在定向如何讓自己更好、超越自卑的生活目標（The education of children, A. Adler, 取自《*Education for Prevention*》, 2006,頁112），阿德勒同樣也說（頁135），孩子四歲或五歲左右，他的生命風格雛形差不多已經建立好了，此時孩子會發展出對生活的適應與彈性，與社會的感情，對環境的態度，依此方向，生命便不斷持續下去。兩位學者所說的，事實上與我們的俗諺，「三歲看大，七歲看老。」不謀而合。

杜威曾於一九二〇時候來到北大，北大校長蔡元培，授與杜威北大榮譽哲學博士，盛讚杜威為孔子第二（the second Confucius）（〈*Time Magazine*〉, 1928六月號封面故事）。巧合的是阿德勒在西方也獲得此美名，在阿德勒

《*the science of living*》書中的作者介紹裡，Phillipe Mairet盛讚阿德勒是西方的孔子（1930/2011，頁30）。百年前，兩位西方的孔子，皆清楚強調兒童教育的重要，早自三歲左右，心智的型態、生命的風格、習慣的雛型，大體上已經有一個樣貌了。

三歲看大、七歲看老，想到此，有遠見的父母，皆要謹慎嚴肅看待，而且認真學習如何教養孩子。但也不禁讓人擔心，如果小時候沒有培養好基礎呢？那怎麼辦？先別緊張，孔子老人家已經說過了，「我欲仁，斯仁至矣」，阿德勒也說，正因為我們人類天生自卑與脆弱，所以我們群居在社會中生活，也因此，社會情懷與社會合作就是我們的救贖（《*the science of living*》，1930/2013, 頁264）。是的，杜威也說，上一代的成就，形成了帶動與領導下一代活動的起點與平台，因此，孩子站在我們的肩膀上繼續前行。假若沒有這樣的過程，每一個世代都只得艱辛地為自己存活、為擺脫野蠻而打拼（第十二章），文明的故事便不復存在。三位東西方孔子跨越時空告訴你，當你心中存仁，想著社會與下一代，你便可以擺脫那已成過去的小時候，身為智能上的自由人。

回到我們對於下一代的任務，思考的訓練，有什麼相應的方法？如果我們仔細回想第二部所說的思考五步驟，你也可以自己試一試，歸納出思考訓練五步驟。闔上書，你有許多思考、判斷、與行動的經驗，如果要訓練別人或者鍛鍊自己的思考，你尋思自己過往的生活經驗，你覺得思考要如何訓練呢？沒錯，當問題來臨時，你回到自己的經驗資料庫，這便開啟了思考的寶盒，同樣的，也啟動了訓練的起始。無論你結果想出了什麼訓練步驟，這樣開始，就很杜威了。

思考要如何訓練？當然，最最好玩的，莫過於玩這回事兒。杜威百年前就說了，要把智能潛力與藝術、工藝、職能工作結合，重新組合課程，讓盲目的競爭比較與一成不變的經驗，轉化為豐富有趣與啟動能量的實驗與學習。

思考訓練的關鍵處在於帶出經驗，從經驗開始。例如，學習河流，如果孩子沒有看過河流，那麼，排水溝也是一個很好的比喻。當然，現代城市裡，連排水溝都很難看到，那麼下雨時的水窪或是泥土上的水流等等都是生活經驗。設計者要想盡辦法為提升孩子的學習作好準備，導入孩子的經驗。整個教學過程中，責任歸屬必須很清楚，老師的責任是作好規劃、設計與準備，在師生互動歷程中，向孩子提出建議性、啟發性的問題，轉而把智能思考的責任，交給學生。學生則要在心智上歸納出或聯想出原則，尤其要展現出這個原則如何來自證據，而證據又如何支持此原則。

在小學現場中遇見莊子與杜威

在我完成序的過程中，正巧我去新店安坑國小參與黃上銘實習老師的公開授課觀課與議課之活動，也就是過去熟悉的教學觀摩。上銘老師的師父是四年十班陳秉倫老師。今天這一堂課是國語課「有用好還是沒用好？」熟讀莊子的讀者大概會聯想到莊周與惠施的對話，作者郝廣才確實以此為故事藍本。

第一篇「大樹與老木匠」，山上有顆大樹，木匠告訴徒弟：「這棵樹只是表面漂亮，內行人就知道用它做船會沉，做屋子會倒，做桌子會散。因為它沒有用，所以才能活這麼久，否則早就被砍下來了。」夜裡，木匠作夢大樹來找他，「本來樹可以活很久，都是因為對人有用反而早早失去生命。換作你是樹，你是要有用被砍倒呢？還是要沒用活得好好呢？」第一篇展現了有用沒用，看是對誰而言的結果論。

第二篇「沒用的樹？」惠施說這棵樹歪七扭八不成材，一點兒用也沒有。莊周說如果長得直就被你砍了，那就可惜了。惠施說，樹本來就是要砍來用，沒用才可惜。莊周回說枝葉茂盛彎來繞去，姿態優美，鳥可休息，松鼠可爬，還能乘涼談天，用處大著呢。

最後莊周與惠施的結論，我們暫且不表。上銘老師在小朋友還沒有開始讀這一課之前，預先出了一張學習單，讓學生先進入大樹的情境中，看看自己有何經驗與想法，故事的情境是山上一顆枝幹彎曲、樹圍很大的神木。學習單共有七個題目待回答，簡述如下：

1. 你覺得這樹能有什麼用處？你會停下來欣賞它嗎？
2. 如果砍下來可以做什麼？如果不砍下來，它豎立在那兒做什麼？
3. 為什麼它可以順利長這麼大？
4. 你覺得它孤單嗎？為什麼？
5. 它可能遇到好事，也可能遇到不好的事，可能有哪些呢？

6. 如果你是樹，那麼多人靠近你，你的心情如何？你想要說什麼？

7. 如果有一個人過來，看了樹一眼就走掉了，那個人為何對樹沒有興趣？

上銘老師給孩子學習單，孩子在家先完成後，帶來課堂上，老師希望看到孩子的思考與經驗，不要被課文限制住。課程進行中，一層層提問，七個問題，從引導觀察開始，進行比較，推論思考，模擬情緒，預備困境，同理共感，孩子一層一層回答問題，最後同理共感樹

新北市新店區安坑國小 四年級國語課「有用好還是沒用好？」

的心情以及那位路人的心情，終結在猜測那人的想法上。

課文中莊周最後的結論是「有用好還是沒用好，要看情形，超越有用沒用才是智慧啊！」學習單上的材料，都是孩子發自內心的感受，最後孩子會得到什麼啟示？會與莊周的心得一樣嗎？課文是一個比較的素材，卻不是終點的標準答案。

看著小朋友畫的大樹圖，有人花香鳥語圍繞樹旁，有人直挺挺的樹幹如同屋樑。照片中孩子們的樹木各自成姿，有用無用也端看情境與觀點了。

我如何開始呢？回到自我經驗吧

如果你曾擔心這一本書會不會很哲學，概念繁多，定義繁瑣，論證無趣，那麼，別擔心，建議你從第三部訓練開始讀起。第三部很務實也很有趣，很貼近你的經驗——因為，無論如何，你都曾經是個孩子，雖然你不覺得自己是思考訓練者或教育者，但是一旦你打開這本書來閱讀，我相信你對於思考這回事，充滿著好奇。為了不讓你失望，維持你的興趣，我挺建議你從第三部開始讀起。第三部開章明義，談的就是玩。如果你的經驗被喚起，呼應到，讀完之後，很想繼續往下深究，那麼，杜威成功了，你有第一部與第二部、兩部分的內容可以選擇。

如果你是喜歡一探究竟的人，總是喜歡問「憑什麼？」這類的問題，建議你不妨跟著杜威的思緒，從第一部開始讀起，你將會得到根本性的答案。如果你不滿意第一部所寫的內容，那麼，你可以把書放回書架上，不需要再打開來閱讀。你不妨自己來寫寫看，試試看，就這個根本性／批判性／反省性問題，書寫你腦袋裡的答案。

如果你一向不喜歡問為什麼，認為這樣的問題想多了，容易成為往前邁進的絆腳石，你喜歡腳踏實地的工作。那麼，第二部，有清楚的定義與邏輯，詳細解說思考歷程所包含的要素，非常適合總是挽起袖子好好做事的你。

我們在閱讀這本書時，其實也是為自己開啟一個機會，展開自己的思考訓練。自我是最了解自己的教練，訓練細節都寫在第十五章中，但是你不需要從第一步開始步步推移到最後。讀者經驗不同、風格不一、狀態各異，自然也都有自己的起始點。那麼，你必定同意杜威所強調的，思考訓練中每一個步驟都可以成為教學的首發步驟，要看孩子的準備狀況在哪一點上（第十五章），這就是教練的專業了。

看起來，你對自己也知之算深，那麼，就打開專屬於你的那一部分吧！

前言

日益增加的學科讓學校無所適從，而每一種學科都有著數不清的教材和原理。老師們發現自己的任務日益沉重，因為他們必須要個別指導學生，而不僅是團體教學。除非我們要走向錯亂，否則我們需要找到某種一致性、某種能夠簡化教學的規則。本書確信，致力於採用我們稱為科學的態度、思維習慣之後，我們會找到所需的穩定中心元素。我們可能認為，科學的態度和教育孩童及青少年無關；但本書也深信這並非事實，孩童那天真純潔的態度，有著強烈的好奇心、豐富的想像力，以及對實驗問題的熱愛，都十分接近於科學的態度。如果本書能讓任何人欣賞這樣的想法，並認真思考這樣的想法要如何應用在教育實務上，才能提升個人幸福以及減少社會資源浪費，那麼本書的目的就完全達成了。

恕我不一一列舉所有要感謝的作者。我最感謝我的妻子，本書的靈感即來自於她，也是由於她對實驗學校[1]的付出，讓此靈感在實踐中具體化及驗證，而臻於完整。我也很榮幸能在此致上我的謝意，感謝在實驗學校與我合作的老師和督學，所付出的智慧以及所給予的認同。特別要感謝的是艾拉．弗拉格．楊格（Ella Flagg Young）女士，我們在芝加哥大學曾為同事，而她目前擔任芝加哥學區的督學。

紐約市，一九〇九年十二月

註1 Laboratory School，一八九四年十一月，約翰．杜威和芝加哥大學校長威廉．哈珀（David R. Harper）創立，「杜威學校」（Dewey School）於一八九六年一月十三日在芝加哥海德公園區開設大學小學（University Elementary School），共招收了十二名兒童，由一名教師負責。到了尖峰的一九〇一年，有一百四十名學生、二十三位教師和十名研究生助教。一九〇一年十月，杜威任命他的妻子愛麗絲為校長。同時，由於芝加哥大學成立了第二所「大學小學」，因此這個學校改名為「實驗學校」。一九〇三年十月，由於經濟因素和學生人數急遽下降，兩所大學小學被整合成一所學校。

第一部

訓練思考的問題

第一章 什麼是思考？

思考的四種意義，
從廣義到狹義

1 思考一詞的多種意義

我們最常說出口的詞彙就是**想法和思考**。這些詞彙我們使用得如此頻繁、使用的方式又不盡相同，很難輕易地定義這些詞彙的意義。本章的目標即是找到一個單一且一致的定義。想想通常如何使用這些詞彙有助於定義它。第一，**思考**一詞雖然使用廣泛，但它並未被濫用。所有想到的事物、也就是「腦中閃過」的事物，都被稱作思考。思考一件事物，代表著以任何方式意識到這件事物。第二，這個詞彙有限制，因為它排除了任何顯而易見的事物；我們只思考（或思及）那些我們無法直接看到、聽到、聞到或嘗到的事物。接著，第三，此定義又局限於因某些證據或見證所產生的信念。在第三種情形中，又可以區分為兩種類型或兩種程度。在某些情況下，信念只需些許理由，或者根本不需要理由，就會被接納。其他狀況下，信念的理由或根基得經過謹慎探索、也需要檢視這些理由或根基是否能充分支持信念。這樣的過程被稱為反省思考（reflective thought）；這種思考本身就具有教育價值，而它也構成了本書的主要題材。我們將簡短描述思考的四種意義。

偶然隨興的想法

一、在最廣義的意義中，思考代表所謂的「在腦中」或是「心裡閃過」的所有事物。問「你在**思考**什麼」的人，並不期待你會有什麼好想法。雖說他問的是你在**思考**什麼，但並不是指那種崇高、前後一致或是符合實際情況的思考。任何天馬行空的幻想、瑣碎的回憶或是片段的印象都可以滿足他。作作不切實際的白日夢，在我們放鬆的情境下，這些偶然飄過腦中的片段事物，在這樣隨興的定義下，就是**想法**。就算不願意承認，在我們的一生中，多數的清醒時刻都是在隨興空想和不切實際夢想的伴隨下，在瑣碎無用的思考中度過的。

反省思考具有連貫性，不只是一個序列

就這樣的意義來說，笨蛋和傻瓜也會**思考**。有個故事說，有位男子因為聽

明而小有名氣，他希望被選為新英格蘭小鎮的市政委員，他向鄰居這樣說道：「我聽說你們不相信我夠資格當市政委員。我希望你們知道，我多半的時間都在思考著某件事。」反省思考，類似這種隨機掠過心中的事物，因為它是由一連串思考到的事物所組成的；但它不一樣，因為僅僅是隨意地東想西想著「某件事物」，並不足夠。反思不僅包含一連串的想法，還包含了**結果**，它連貫有序，每一個想法都是下一個想法的前因，而每一個想法也都能依序回溯至先前的想法。連續的反省思考來自於各個想法，而每個想法也互相印證；它們並非同時發生。每一個階段都是從某件事物到另一件事物的一步，技術上來說，這是一個思考期。每個期間都會留下自己的一部分，在下一個思考期中使用。這樣的流動則變成了思路、連鎖思想或思緒。

思考只局限於無法直接觀察的事物

二、即便思考是用在較廣義的意義中，通常也被局限於無法直接感知的事物：也就是我們無法看到、聞到、聽到或觸摸到的事物。我們問一名說故事的人，他是否目睹某件事發生，他的回答可能是：「沒有，這只是我想到的。」故事是虛構的，與忠實的觀察紀錄不一樣。此種思考，最重要的是有一連串想

然而，反省思考的目標是獲得信念

像出來的、具連貫性的事件和情節，它們有一致的脈絡連結，介於千變萬化的奔放想像和確立結論的慎思之間。孩子訴說的想像故事，連貫性程度不一：有些毫無關聯，有些條理清晰。情節相連時，會激發反省思考；當然，這通常出現在有邏輯能力的腦中。這樣的想像力時常發生在最縝密的思考類型之前，並為之鋪路。但是，**它們的目標並非取得知識、也不是獲取關於事實或是真理的信念**，因此即便十分雷同時，它們和反省思考還是不同的。表達出這種思考的人並不期待其他人的認同，而是期待自己完美建構的情節，或是精心安排的高潮受到讚賞。如無意外，他們創造絕佳的故事，而非知識。這樣的思考是感官的全盛期，目標是強化心情或感受，情感的一致性凝聚這些想法。

思考以兩種方式產生信念

三、在下一個意義中，思考意味著有某些根據的信念，也就是真或信以為真的知識，而不只是顯而易見事物。它的特徵是**因某件事物合理地可能或不可能，而加以接受或否定**。這個階段的思考包含了兩種不同類型的信念，不過，兩者的不同，完全是程度上，而非種類上的不同，但在實務上分別考量兩者是十分重要的。有些信念在其理由尚未經過思索就被接受，有些信念則因為其理

思考最佳的意義是，考量信念的基礎以及信念所造成的結果

由已經過檢驗，所以被接受。

當我們說：「人類曾經認為地球是平的。」或者，「我以為你從屋子旁邊走過了。」我們表達一種信念：某件事物被接受、遵守、同意或是確認。但是這樣的思考可能代表著，未經考量真正的理由便接受了推論。理由可能適當，也可能不是。但是並未思索理由支持信念的價值。

這樣的思考在不自覺中發展，並未想過信念是否正確。我們選擇了這些想法，卻不知道自己是如何選擇的。它們從模糊的源頭、經由未注意到的管道而逐漸被接納，並在不知不覺中成為我們心智的一部分。這是因為傳統、教導和模仿，它們都仰賴某種形式的權威，或訴諸於我們自身的利益，抑或肇因於某種強烈的熱情。這樣的思考是偏見，也是預判，而非勘測證據所得的合適判斷。[1]

四、產生信念的思考，有一種重要性，就是會帶來反省思考、有意識地質疑信念的本質、條件和面向。**認為**雲長得像鯨魚和駱駝，是自娛的幻想，只要我們想要結束幻想，隨時都可以結束，這並不會帶來任何特定的信念。但是相

信地球是平的，是認為真實的東西有某種特性，且那種特性是它真實的特質。這樣的結論便代表事物間有所連結，因此，這和我們依心情而定的想像思考不同。相信地球是平的，讓抱持這個信念的人，以某種特定的方式思考其他客體（objects），比如行星、對蹠點和導航的可能性。他的行為和他對這些客體的觀念是一致的。

根據其他信念和行為而產生的信念，其結果可能太重要，而迫使一個人不得不思索信念的根據或理由，以及它的邏輯意義。這就是反省思考，是思考為人讚頌且堅定有力的意義。

人們曾經**以為**地球是平的，直到哥倫布**認為**地球是圓的才改觀。人們抱持先前的那種想法，是因為他們沒有力量或勇氣，去質疑那些為人接受或教導的事物，尤其當信念根據的是，好像顯然合情合理的事實。哥倫布的想法是個合理的結論。它是**經過仔細**研究事實、檢視和修正證據、推斷各種假設的含義、並將理論結果與其他理論和既知事實相對照。哥倫布並沒有毫不遲疑地接受現

註1 原註：和此思考模式以及與其相對的思考探索會在下一章詳述。

存的傳統理論、因為他質疑並探索，於是得出了他的見解。哥倫布質疑一直看來都十分確定的信念、相信看來似乎是不可能的信念，他不斷思考，直到能夠提出證據，證明他所相信的事，也證實他的懷疑。就算他的結論最終是錯的，他的信念也會和原先對立的信念不同，因為這個信念是以不同的方式得出來的。**主動積極、鍥而不捨及縝密考量任何信念或任何形式的知識，作為支持信念及其所達致結論的依據**，即構成反省思考。前三種思維的任何一種，都可能會引發這類型的思考，但反省思考一旦開始，就是在可靠的基礎上，有意識且自願地建立起信念。

反省思考的定義

2 思考的核心要素

所有類型思考中所共有的一個元素

然而，上述的各種思考方式，並沒有任何具體清晰的分界線。若不是各種模式的思考這麼無法覺察到的交融在一起，那麼養成正確的反思習慣就會容易得多。目前為止，我們考量過每種類型的極端案例，以便更清楚了解思考類型。現在來換個方式，試想一個思考的基本案例，在這案例中，思考介於仔細

那就是，聯想到某個尚未被觀察到的事物

但是反思也包括示意關係

檢視證據和單純恣意幻想之間。一名男子走在路上，氣候溫暖宜人。他之前抬頭看時，天空晴朗。雖然他現在還忙著其他事，卻發現氣溫降低了。他想到可能會下雨，於是抬起頭看，看見一片烏雲蓋住了太陽，於是加緊了腳步。在這樣的情況下，如果思考存在的話，什麼可以被稱為思考？走路的行為或是發現變冷了，都不是思考。走路是一種活動，看和注意則是其他模式的活動。會下雨的可能性則是**聯想到的**。行人**感覺到**冷，**想到**了雲和即將下的雨。

到目前為止，這和一個人看到雲而聯想到人和臉，是一樣的情況。在這兩種案例中（信念和幻想的案例），思考包括注意到或察覺到的事實，加上某個未被觀察到卻被思及的事物，這事物因為覺察到的事實而被聯想到。就像我們說，此人讓我們想到某人；但是，兩種聯想案例雖有著相符一致的因素，卻也有著顯著不一致的因素。我們不**相信**因為雲而聯想到的是真的人臉，我們根本不考慮它為真的可能性。**反省**思考並不存在。相反地，下雨的威脅在我們看來是真實的可能性，和觀察到的冷天是本質上相同的可能事實。換句話說，我們並不認為雲代表或象徵一張臉，只是讓人聯想到臉，但我們確實認為天氣變冷意味著可能會下雨。在第一個案例裡，就像我們說的，我們看到一個客體，只

各種表達此示意功能的同義詞

基於證據反思和相信

是剛好想到另一項事物；在第二個案例中，我們考慮到**所見客體和所聯想客體兩者之間關聯的可能性和本質**。所見的事物在某些層面上，被視為聯想信念的理由或根基，有著**證據**的特質。

一件事物象徵（signify）或代表（indicate）另一件事物，讓我們得以考量可以確信另一件事物的程度，就是所有反思或獨特智力思考（intellectual thinking）的核心要素。若能想到各種應用象徵或代表等詞彙的情況，學生就能夠完全理解反省思考一詞所代表的真正事實。這些詞彙的同義詞有：指出（point to）、說出（tell to）、預示（betoken）、預知（prognosticate）、提出（represent）、代表（stand for）、意味（imply）[2]。我們也會說一件事物預言（portend）另一件事物，也就是預兆（ominous）另一件事物，或是這個事物的徵兆（symptom）、它的答案（key），抑或是在關聯不明確的情況下，它提供暗示（hint）、線索（clue）或提示（intimation）。

反思因此就代表著相信（或不相信）某件事物，並不是因為對它本身直接的認定，而是透過其他作為見證、證據、保證、憑證或證明的事物，也就是信念的根據。曾經真實地感覺過雨，或是直接淋過雨；在此之後，我們看著草地和樹的樣子便可以推測已經下過雨，或是因為天空的狀態，或是氣壓計的狀況，就知道快要下雨了。我們有次看到一個人（或是假設我們看到了），卻沒有任何證據；下一次，我們不太確定自己看見了什麼，並尋找更多的事實，以作為該相信什麼的徵兆、跡象、標誌。

思考，就上述的探究來說，它的定義是根據現有的**事實聯想到其他事實（或真理）的作為，因為前者的基礎或是保證，而相信了後者**。我們不會認為信念僅僅根據肯定的保證就可以相信。說「我認為如此」，就暗示著我還不確知是否如此。推論的信念之後可能被確認，並變成確信，但它本身永遠有一定的假設成分。

3 反省思考中的元素

關於**思考**較外在和明顯層面的描述，就到此告一段落。若更深入地探

註2 意味（imply）較常用於當原則或真理，導致我們相信其他真理；其他詞彙較常使用在事實或事件，讓我們相信其他事物的狀況。

討，立刻就會發現在每個反思活動中都有某些子過程。這些過程是：①困惑（perplexity）、猶豫（hesitation）和懷疑（doubt）的狀態；以及②為能直接提供更多事實而尋找或調查的活動，目的在於證實或摒棄所聯想到的信念。

不確定性的重要性

①在上述的例子裡，驚覺天氣變冷了，於是產生了困惑和疑慮，至少暫時如此。因為出乎意料，所以這是意外或干擾，需要加以解釋、辨認或是釐清。說氣溫忽然的變化會造成問題，聽起來可能有點牽強和做作，但是如果我們願意放寬**問題**的定義為，任何讓心智困惑或懷疑，並且不再確信的事物，不管其性質是多麼輕微或普遍，那麼在經歷如此突然的改變時，問題就確實存在。

以及，為測試而探索的重要性

②轉頭、抬眼看、掃視天空，這些舉動都是為了辨識事實，以便能夠解釋天氣為何忽然變冷。一開始所呈現的事實令人困惑，卻令人聯想到雲。看的動作是為了要發掘此聯想的解釋是否正確。要是說到這個幾乎是自動化的看，是尋找或探索的行為，或許也太過牽強。但是，相同地，如果我們願意放寬自己對心智運作的概念，讓運作包含細瑣和平凡，也包含專業和深奧，那就沒有理由不如此稱呼看的行為。這個探索行為，旨在確認或駁斥所聯想到的信念。新

的事實被知覺，這個知覺不是支持天氣即將發生變化的想法，便是否定這個想法。

找到方向是一個反思的例子

另一個也很常見、但不是如此細瑣的例子，也許更能闡述這個觀念。一個人走在不熟悉的區域，碰到了岔路。他沒有任何確信的知識可以參考，因為猶豫和遲疑而停滯不前。哪一條路才是正確的？應該如何解決困惑？有兩種選擇：他必須得盲目並武斷地選擇一條路走，相信他的運氣好、選對了路；或者，他必須找出這條路是正確的理由。任何藉由思考做出決定的嘗試，都包含對其他事實的探索，不管事實是來自記憶，或來自更進一步的觀察，抑或同時來自兩者。困惑的旅人必須小心翼翼地檢視他所面臨的狀況，必須努力回憶。他尋找能夠支持選擇某一條路，或排除另一個選擇的證據。他可能會爬上一棵樹；他可能會先往一個方向走、之後再換一個方向，但不管怎樣，他都是在尋找徵兆、線索、跡象。他想要找到某種類似路標或地圖的東西，**他的反思是為了發掘能夠達到目的的事實**。

可能卻不相容的聯想

上述的例子可以更概括。思考在我們遇到**岔路**的時候就開始了，這樣的情況含糊不清，讓人陷入兩難，產生了不同的選擇方案。只要我們能輕鬆自如地轉換活動，或者只要我們允許想像力天馬行空，那就沒有反思。然而，在獲取信念的路上所碰到的難題和阻礙，讓我們停步不前。我們因為不確定性而遲疑，像是爬上了一棵樹；我們企圖找出一個能調查更多事實的立足點，對情況有更全面性的觀點，從而能夠決定各個事實與其他事實間的關聯。

以思考的目的控管思考

解決困惑的需求，在整個反思過程中扮演著穩定和指引的角色。如果沒有需要解決的問題，或是需要克服的困難，聯想的過程就會隨心隨欲，這就是前面描述過的第一種思考類型。如果聯想的流動單單是受到一致的情緒所控制，能和諧地組合成畫面或故事，這便是第二種思考類型。但是，需要回答的問題，或是需要解決的矛盾設立了目標，並且將種種想法引至明確的方向。每一種聯想的結論，都要受到它與這個目標的關連、它和目前問題的相關性所檢驗。這個解決困惑的需求，也控制了探究的種類。一位旅人想追尋最美的路徑時，會和想找前往特定城市的道路時，有不同的考量，也會用不一樣的規則測試他的聯想。**問題決定了思考的目的，而目的則控制了思考的過程**。

4 總結

思考的來源和刺激

我們或許可以扼要地說，思考源自於某種困惑、疑惑或懷疑。思考並不是自發的騷動，並非依照「普遍原則」就會發生；而是由更特定的事物引起或造成的。籠統地要求孩子（或是成人）思考，而不考慮在他經驗中那些讓他煩惱，以及打亂他平衡的困難，就像勸他要靠自己的力量出人頭地一樣，是沒有用的。

聯想和過去的經驗

既然有了困難，那麼下一步便是聯想某種解決方法：建構某個臨時的計畫或方案，考慮某些可以解釋問題特性的理論，考量某些能夠解決問題的方法。手邊的資料無法提供解決方法，只能讓人聯想解決方法。那麼，什麼是聯想的來源呢？當然是過去的經驗和先前的知識。如果這個人之前遇過類似的狀況，處理過相同性質的資料，那麼大體上合適且有益的聯想就會出現。但是，除非有著某種程度上相似的經驗，能想像替代當下的狀況，否則疑惑就仍然只是疑惑。沒有線索可用以澄清問題。即使一個孩子（或是成人）碰到問題時，如果他之前從未有過任何相似的經驗，那麼要求他思考，是完全沒有用的。

如果出現的聯想馬上被接受，那就產生了非批判性思考（uncritical thinking），這是最淺的反思。在心裡反覆思索、反思，意味著要找尋更多能夠產生聯想的證據與新論據，也就是說，反思要不是證實了這個想法，就是彰顯出這個想法的荒誕和不當。如果面臨真切的困難，又有足夠的類似經驗可以使用，那麼此時就可發現好壞思考之間最**極致**的不同。最簡單的思考方式，就是接受任何看似可信的聯想，**進而**終結了心理焦慮的狀況。反省思考總是麻煩的，因為必須要克服僅僅根據表面價值就接受聯想的惰性，需要願意忍受心理上的不安和意志上的混亂。簡言之，反省思考代表著，在更進一步探索之前先不做判斷，而這樣的等待很可能是痛苦的。我們之後會談到，培養良好的心智習慣，最重要的，是學會不妄下結論的態度，以及精通各種尋找新資訊的方法，以證實或駁斥第一個出現的聯想。保持懷疑的狀態，並繼續系統性和持久的探索，這些是思考的基本要素。

第二章 訓練思考的必要性

人是會思考的動物

如果還需要詳述思考的重要性，那就太荒謬了。傳統上定義人是「思考的動物」，將思考定為人類和野獸主要的不同，所以思考當然是件重要的事。和本書目的更有關的問題是，思考**如何**重要。如果要讓思考達到它的目的，這個問題的答案將會闡明思考所需的訓練。

1 思考的價值

深思和有意圖活動的可能性

①思考是唯一能夠結束純粹衝動，或一成不變行為的方法。一個沒有思考能力的人，只由本能和欲望驅使，因為這些驅力是由外在環境或人的內在狀

態所引起的。這樣的人，不論現在或過往，都是被推著走的。這就是所謂的，動物行為的盲目本質。這樣的人無法看見或預測行為的目的，或是行為為何導致某種結果，而不是其他結果。他無法「知道他為何如此作為」。如果思考存在，事物可以用來象徵或代表尚未經歷過的事物。一個能夠思考的人可以**根據尚未發生的事物或是未來的事物行動**。有思考能力的人，並非由他沒有意識到的單純迫切力量驅使而行動，不管那股力量是本能或是習慣，一個能反思的人是根據（至少在某種程度上是）他間接意識到的某種遙遠目標而行動。

不會思考的動物，在要下雨時，會因某種對個體的立即刺激，躲進洞裡。會思考的個體，則會認為某些特定事實是即將下雨的可能徵兆，並會據此預測到的未來事件而行動。播種、耕作、收成，這些是有意圖的行為，只有在能夠了解在經驗中立即感受到的元素，所暗示或預示的價值後，才有可能做得到。哲學家十分重視「自然之書」[1]、「自然的語言」（language of nature）等詞彙。就是因為有了思考的能力，所以既存事物對尚未發生的事物來說至關重要，所以大自然的語言才可以為我們所詮釋。對會思考的人來說，事物是他們過去的紀錄，就像化石訴說著地球以往的歷史，並且預示著他們的未來，就如同從行星現在的位置，可以預知許久以後的虧蝕。莎士比亞說：「聽見樹林的呢喃、發現溪流中的知識」，這十分真實地闡述了對有思考能力的人來說，事物的存在擁有額外的力量。所有的預知和明智的計畫、深思熟慮和計算，都取決於象徵的功能。

系統性預知的可能性

②人也藉由思考，而發展和安排人為記號，預先提醒自己結果，以及達成或避免這些結果的方式。就像思考讓野人和野獸有所區分，思考的特質也讓文明人和野人有所不同。野人在河中沉船，以後就會注意到某些事物是危險的徵兆；文明人則會有意地**製造**這些標記，以避免危險，他會事先架設浮標作為警示，並建造燈塔作為指引。野人以豐富的閱歷解讀天候徵兆；文明人設立氣象台，以人為的方式取得徵兆，並且在只能使用特別方法，才能偵測到的徵兆出現之前，就發布資訊。野人解讀某些模糊的跡象，熟練地在荒野中找到方向；文明人建造高速公路讓所有人使用。野人學會偵測並尋找火源，因此發現了生火的方法；文明人則發明了能夠永久亮燈和取暖的設備，隨時可以使用光和

註1　book of nature，始於中世紀的宗教和哲學觀念，將自然視為知識之書。

熱。文明開化的精髓就在於，我們特意建起紀念碑和紀念堂，以防遺忘；我們特意在各種意外事件和緊急狀況發生前，先建立偵測意外發生和記錄意外本質的設備，以預防有害事物發生，或至少能保護自己，降低意外事故和緊急狀況所帶來的影響，並保障及增加對我們有利的事物。所有人造設備都是精心設計由改造自然事物而來，如此一來，比起在原本自然狀態時，這些設備就更能夠指出隱藏的、尚不存在以及遙遠的事物。

事物特質豐裕的可能性

③最後，思考賦予自然事物的地位和價值，遠遠不同於無法反思者的看法。對於不懂得這些字句是語言象徵的人來說，這些字句只是塗鴉、是光和影的奇怪變化而已；對認為它們象徵其他事物的人來說，根據一個字使用時所傳達的意義，每一個字都有它明確的獨立性。**自然物體也一樣**。對某些人來說，椅子可以用了坐下休息或是社交聊天，但是對另一些人而言，卻只是一件被聞、被咬或用來跳上跳下的物品；知道一顆石頭過去歷史和未來用途的人，和只是單純直接感覺石頭的人，他們對石頭的看法是不同的。要說不會思考的動物能夠體驗事物，那只是出自於禮貌。大多數事物對我們的意義，都是由其本身所擁有的特質組成，而這些特質則是其他事物的象徵。

動物對物體本質的感知

英國邏輯學家（范恩先生[2]）曾說過，狗是否**看見**彩虹，和牠是否了解所在國家的政治憲法，對狗來說，真的有所謂嗎？牠睡覺的狗窩，以及牠吃的肉也適用相同的原則。牠想睡覺時就去狗窩，牠餓的時候，聞到肉味和看到肉色就雀躍不已；除此之外，牠還以什麼方式看到一個物體？牠當然不會認為一間房子是永久的住所，並有著永久住所的特性和其他關係，**除非**牠能夠認為當前的事物，就代表著未見的事物，除非牠能夠思考；牠也不認為牠吃的**是**肉，除非牠能夠因為知道那是某種動物的某個關節，提供了養分，而聯想到它的特性。**物體**若沒有了這些意義特質，無法說明那還剩下什麼，但是可以確定的是，這樣的物體，和我們所感知的物體十分不同。再者，在思考和感受事物，或是將事物視為其他事物的象徵時，這是有無限可能的。過去需要哥白尼或牛頓的智慧，才能理解的物體特質要素，在現代，孩子很快就能了解。

思考力量的各種價值可以引用約翰·史都華·彌爾[3]的話來總結：「推

註2 Mr. Venn，指約翰·范恩（John Venn），一八三四～一九二三，英國數學家、邏輯學家、哲學家和皇家學會會員，也是事物群組分類用圖形「范恩圖」的發明者。

論，被稱為是生命中最重要的事。每個人每天、每小時、每分鐘都需要查明他並未直接觀察到的事實：不是只為了要累積自己的知識，而是因為這些事實本身對他的利益或是工作很重要。法官、軍方指揮官、導航員、醫生、農業家的職責不過**是判斷證據並照此行動……**因為他們判斷得好或壞，影響到他們履行責任使命的成敗。**這是唯一一個頭腦永遠不休息的工作。**」[4]

思考偏離

無論好壞，想法都支配我們

2 為了實現價值，需要指引

一個人不僅每天每時、而是每分都需要思考，思考並非專業深奧的事，也非瑣碎和微不足道。思考必須和智力協調一致，在所有適當的場合下，必須由未受污染的頭腦運作。但因思考是推論、根據證據得到結論、間接取得信念的過程，此過程可能出差錯，也可能很順利，因此需要安全的監控和訓練。它愈重要，使用不當時就愈有害。

比彌爾更早期的作家，約翰・洛克[5]（一六三二～一七〇四），提出了思考對生命的重要性，以及訓練的必要性，這樣一來，才能夠實現思考最好而非最壞的可能性，洛克說：「人只有在有了某種看法之後才會行動，因此解釋了他做某件事物的理由，而不管他使用什麼技能，不管根據此理由的理解是對或錯，都持續引領他的行為。而因著這樣的見解，不論真假，都支配他的思考能力……，廟宇有其神聖的形象，我們親眼目睹，廟宇一直以來是如何影響一大部分的人。但事實上，在人類腦中的想法和影像，是持續指引人類的隱形力量，且人人都願意臣服於此力量之下。因此，小心謹慎地理解事物，在尋找知識和做出判斷時，正確地運用我們所理解的事物，這點至關重要。[6]」如果所有慎思過的活動，以及我們對於其他力量的使用，都依賴思考，那麼洛克主張

註3 John Stuart Mill，一八〇六～一八七三，英國著名哲學家和經濟學家，影響十九世紀很大的古典自由主義思想家。邊沁後功利主義的最重要代表人物之一。

註4 約翰．史都華．彌爾，《邏輯體系》（*System of Logic*），緒論第五章。

註5 John Locke，英國哲學家，與喬治．貝克萊和大衛．休謨是英國經驗主義的代表人物。洛克並被視為啟蒙時代最具影響力的思想家和自由主義者。

註6 約翰．洛克，《漫談理解的運用》（*Of the Conduct of the Understanding*），第一段。

需要用心理解，便是恰如其分的見解。思考的力量，讓我們免於卑微地臣服於本能、欲望和常規之下，但它也可能讓我們犯錯失誤。思考讓我們比動物更高一等，卻也可能讓我們陷入失敗之中，對只依照本能做事的動物來說，這些失敗是不可能發生的。

3 需要持續控管的趨勢

正確思考在物質上和社會上所獲得的認可

在某個程度上，生活上的一般自然和社會條件，提供了控管推論所需的條件。生命必需品無法由設計巧妙的伎倆替代，因為生命必需品為我們帶來基本且持續的規範。燒燙傷的孩子畏懼火苗；痛苦的經驗強化了正確推論的必要性，**學到的會比談論**高溫特性更多。社會條件也注重正確推論事物，根據合理思考而來的行為，在社會上至關重要。認可正確的思考或許會影響生命本身，或至少讓生活不受永久不適所苦。敵人、庇護、食物和主要社會條件的跡象，需要正確地加以了解。

這種認可的重要限制

有紀律的訓練，在某個限度內有效，卻無法帶領我們跨越限制的界線。

在一個方向獲得的邏輯，並不能阻攔在另一方向做出誇張的結論。一個專精於判斷獵物活動方向和地點位置的野人，會接受動物習性和結構起源的極荒謬傳說，並嚴肅地敘述。當推論並未直接明顯地回應生命的安全和繁榮時，接受錯誤信念時，我們當然不會特別查核。結論可能來自於些微事實，只因為聯想栩栩如生又有趣；大量累積的資料，也許無法得到一個適當的結論，因為現存的習俗不願意考慮這些論據。獨立於訓練之外的，還有「原始的輕信」（primitive credulity），無法區分受訓練的頭腦所認為的是幻想，或是合理的結論。像臉的雲被認為是某種事實，只因為它的聯想是如此有說服力。自然智慧無法阻止錯誤的遍及，豐富卻未受訓練的經驗，也無法阻止根深柢固錯誤信念的累積。錯誤或許會相互支持，並交織成更大、更牢不可破的錯誤想法。夢境、星星的位置、掌紋，可能被視為重要的象徵，紙牌的墜落則被視為無可避免的徵兆，但最深遠重要的自然事件卻遭到忽視。相信各種預兆的信念曾經普遍存在，現在卻只是隨處可見的迷信。這需要在精確科學中的長期訓練才能辨到。

就聯想的功能來說，水銀計升降預示下雨的能力，和動物的內臟或鳥兒

迷信和科學一樣是自然生成

壞思考的普遍原因：培根的「偶像」

成群飛行預言戰爭來臨，並沒有什麼不同。每個人都可以預知，鹽灑了很可能帶來厄運，以及被蚊子咬會得瘧疾。只有系統化的控制觀察的情境，嚴密訓練聯想的習慣，才能決定哪一類型的信念是錯誤的、哪一類型是合理的。改善感官的敏銳度，或是改善自然運作的聯想功能，並不會讓科學取代推論的迷信習慣。唯有在控管的情境觀察和推論，才能達到。

有人嘗試將獲得信念時的主要錯誤來源分類，注意這些分類是很有教育意義的。比如說，在現代科學探索之初，法蘭西斯・培根（Francis Bacon）列舉了四種類型，名稱有點奇特，叫做「偶像」（idols，希臘語eidôla，影像），是誘惑心智走向錯誤之道的妖魔鬼怪。他所稱的偶像，或是鬼魅（phantoms）為：(a)種族（tribe）、(b)市場（market-place）、(c)洞穴（cave、den），和(d)劇場（theater）；或比較不抽象化的分類則是：(a)深植人類本質中一般固有的錯誤方法（或至少是犯錯的誘惑）、(b)來自對話和語言的錯誤方法、(c)來自特定個人私見的錯誤方法，最後是，(d)來自流行或是某種普遍趨勢的錯誤方法。再用不太一樣的方式，分類這些謬誤信念的成因，可以說其中有兩種是內在的，另外兩種是外在的。在兩種內在原因中，一種是在全部人類身上都看得到的，比方人類的普遍傾向，是更容易注意到那些證實自己偏好的信仰，而不是否定那些信念的例子；另一種則只在某些有特定脾性和習慣的人身上才看得到。在兩種外在原因中，一種是來自一般的社會條件，比如傾向認為只要有字詞，就有事實，若沒有語言的詞彙，就沒有事實；另一種則是來自當地和一時的社會趨勢。

洛克談及錯誤信念的方法較不正式，但或許更啟發人心。洛克的原文無人能及，所以我們就引用他說服力十足、精巧別致的語言，洛克在列舉不同種類的人時，描述了思考偏離的不同方式。

洛克談論以下影響：

①依賴他人

「第一種是極少推論的人，但是依照他人的榜樣去做事或思考，不管是父母、鄰居、部長或是任何他們樂於選擇信任的人，因為這省去了要自己思考和檢視的痛苦和麻煩。」

②自我利益

「第二種人用情感取代了理智，並堅決認為情感應該支配他們的行為和論點，只有在符合自己的情緒、利害或派系時，才會採用自己的理性、或是傾聽其他人的理由。」[7]

③局限的經驗

「第三種人願意真誠地遵循理智，卻缺乏完整、健全和多方面的知識，無法看到所有和問題相關的事物……，他們只和一種類型的人對話、只讀一種書、只聽得進一種觀念……。他們和小鎮中的熟人頻繁交流……，卻不願意進入知識之海冒險。」一生而平等的人，最終卻可能會學到十分不同的知識和真理，「因為他們之間所有的不同，就是他們對事物理解範圍的不同，而心智的運用取決於資訊的汲取和充滿想法的腦。[8]」

教條原則

在洛克的另一本書中[9]，他以些許不同的方式描述相同的觀念。

①「和我們的**原則**不相符的事物，對我們來說絕對不可能發生，它不會是合理的。對於這些原則的敬畏很崇高，而原則的權力至高無上，所以不只是其他人所提出的證明，甚至是我們本身感官的證據，假如它們想要證明任何和這個**已確立規則**相反的事物，往往會受到駁斥。孩子從父母、保母或是周遭的人身上汲取觀念見解，是稀鬆平常的事。這些觀念被納入孩子不設防且無偏見的理解中，並逐漸深化，最終，不論觀念對錯，因為受到久遠的習俗和教育鞏固，而無法加以移除。對人類來說，當他們長大成人，思索著自己的見解，而發現這樣的觀念在他們的頭腦裡已經像回憶般古老，不知道何時吸取了這些觀念，也不知道是以何種方式汲取，他們很容易就會認為這些觀念是神聖的，對

其十分敬畏，不敢褻瀆、觸碰或質疑這些觀念。」他們認為這些觀念是標準，「是決斷真理和謬誤最崇高且永遠正確的決定，是在所有爭議中，會求助的判斷準則。」

封閉的心智

②「第二，另外一種人對事物的理解像鑄在模型中，完全依據所接受到的假設而塑造。」洛克接著解釋，這種人雖然不否認事實和證據的存在，但無法信服決定事實的證據，他們的心智因為堅守固有的信念而變得十分狹隘。

強烈的情感

③「主導的情感。第三，任何與人類欲望和普遍情感相對立的可能事物，命運都相同。一邊是貪婪之徒所有可能的理智，另一邊是金錢，不難預見哪一

註7　在另一篇文章中，洛克如此說：「人類的偏見和傾向常常支配著他們……，傾向暗示並且不知不覺地產生自己偏好的字句，而產生了自己偏好的想法，最終，這個方法所得出的結論清晰明白，是受到偏見和傾向包裝而來，但在想法的自然狀態下，並不會接受這樣包裝的想法。」

註8　洛克，《漫談理解的運用》（*The Conduct of the Understanding*），第三章。

註9　《漫談錯誤的同意或謬誤》（*Of Wrong Assent or Error*），第四卷第三章，關於人類理解的散文。

邊會勝出。世俗的心智，就像要阻擋最有威力砲彈的泥牆一樣。」

④「權威。我所要提出的第四種，也是最後一種可能的錯誤方法，讓比其他三種加總更多的人，都陷於無知或錯誤之中，就是贊同普遍接受的見解，不管這些見解是來自我們的朋友或群黨、鄰居或國家。」

依賴他人權威

培根和洛克都清楚表示，上述錯誤信念來自個人（比如那些結論下得太倉促或太深遠的人）的天性中，社會環境常藉由權威、有意識的教導，以及潛移默化的語言、模仿、同情和暗喻，激發並穩固錯誤的思考習慣。因此，教育不只是保衛個人免於受到自己心智的錯誤傾向所擾，也要破壞和摧毀長久累積和永無止境的偏見。當社會生活大體上變得更合理，並且充滿更加理性的信仰，不太會受到嚴苛的權威和盲目的情感所影響時，教育機構就會比現在更正面且積極，因為其他社會環境對個人思考和信念習慣，所產生的教育影響，會與教育單位的工作相輔相成。目前，教育工作不僅是要將天性轉變為受過訓練的思考習慣，也要增強心智以對抗在社會環境中非理性的風氣，並幫助剷除已經產生的錯誤習慣。

不好心智習慣的原因是社會性的，也是天生的

4 控管將推論變為證明

所有的思考都有一次跳躍

思考很重要，因為就如同我們所看到的，它讓特定或已查證的事實，能夠代表或預示，其他並未直接被查證的事物。但從已知中得出未知的過程特別容易出錯；幾乎各種未被看見或是未被納入考慮的原因，都可能會產生影響，包括：過去的經驗、所接受的教條、自我利益的動機、情感的激發、單純的思想怠惰、充斥著偏見的傳統或是由錯誤期望所推動的社會環境……等等。根據字面意義，思考的活動代表的是**推論**；透過思考，一件事物**帶領我們**對另一件事物的想法，或是對其他事物的信念。它需要一次跳躍、一次躍進，由確信已知事物，跳耀至因證據而獲得確認的事物。除非是笨蛋，不然一個人一定能夠由所有事物和事件，而聯想到其他當下其實不存在的事物，一定也很容易根據前者而相信後者。這種跳躍、躍進至未知事物的必然性，強調了必須注意此跳躍發生環境的必要性，以降低邁出錯誤步伐的危險性，並增加正確落地的可能性。

在控管上應該注意：①控管聯想功能發生的情境，以及②控管能相信此

因此如果對控管的需求是適當的，那便構成了證明

聯想的情境。在這兩種方式下（對這兩種方式的詳盡研究，是本書的主要目標之一）受控的推論成為**證明**。證明一件事物主要代表著去試驗、測試事物。聖經裡的故事提到，獲邀參加婚宴的賓客拒絕赴宴，因為他要去**證實**他確實買到了牛。例外是用來證明規則的；也就是說，例外提供最極端的例子，所以能用最嚴密的方式試驗規則的適用性；如果規則經得起這樣的測試，那就沒有什麼理由好去質疑它。事物經過試驗（tried）之後（或用口語說法「試用」〔tried out〕），我們才知道它真正的價值。在那之前，它可能是虛假的，不過是虛張聲勢罷了。但是，成功通過測試或強度試驗的事物，便是可以信任的；它獲得認可，因為它已經被證明了。它的價值明確地受到表露和展示，也就是，獲得驗證。所以這樣的事物支持推論。一般來說，推論是非常寶貴的，但單單這樣的事實並不保證，或甚至佐證，任何特定推論的正確性。任何推論都可能會走偏；就像之前所見，還有其他種種影響可以助長推論偏離。**重要的是，所有的推論都應該是經過測試的推論；或者**（因為這常常不可能），**我們應該區分哪些信念是奠基於驗證過的證據，以及哪些不是，因此，我們必須小心謹慎地看待各種信念。**

思考的力量

教育在栽培專業人才的職責

教育的職責不是要證明所有的言論，甚而是教導所有可能的資訊，教育的職責是，培養根深柢固且有效益的習慣，以區分測試過的信念，以及單純的斷言、猜測和見解；發展有活力、真誠、沒有偏見的偏好，支持合理依據的結論，將探索的方法和對各種問題的適當推論，深植於個人的基本習慣中。不管一個人知道多少傳聞和資訊，假若他沒有這樣的態度和習慣，他就不算真正受過良好的教育。他缺乏心智規範的基礎。因為這些習慣並不是與生俱來的天分（不管想要擁有這些的態度有多強烈）；再者，因為自然和社會環境的隨機情況，並不足以提供獲取這些習慣的環境，教育的主要職責，是提供培養這些習慣的環境。這些習慣的養成就是**心智的訓練**。

第三章 思考訓練的自然資源

只有天生的力量能加以訓練

因此，受教導的人必須主動

在上一章，我們談到需要將天生的推論能力透過訓練，轉變為批判性檢視和探索的習慣。思考對生活如此重要，但因為思考易於偏離，也因為現今社會的影響，讓人易於養成產生不當和錯誤信念的思考習慣，所以必須讓教育來控制思考。但是，訓練必須根據天性，也就是說，思考必須在這些天性中找到出發點。一個不經過訓練就不會思考的人，是不可能受訓練而會思考；一個人可能需要學習如何思考「**得當**」，而非學習「如何」**思考**。簡而言之，訓練必須依賴先前獨立存在的天賦；訓練和思考的方向有關，而不是要創造思考能力。

教導和學習是相互關聯或相對應的過程，就像買和賣一樣。一個人在沒人買東西時，說他賣出了貨品，就像教的人在沒有人學到東西的情況下，說他已經教過了一樣。在教育過程中，主動權取決於學習者的程度，比商業交易中買方的主動權為高。如果一個人能夠只學習，如何更經濟有效地運用自己既有的力量，那麼他當然也可以教導他人，運用並培養自身現有力量去思考。但除非老師洞悉學生既存的習慣和習性，以及他所具備的天賦，否則這樣的教學不可能有效地吸引學生。

三種重要的天賦

任何列舉這些天賦的清單都有些武斷，因為一定會忽略很多複雜的細節。但是，陳述思考的重要因素，可以讓我們概略看出主要的元素。思考包含（如同我們所看到的）聯想有待接受的結論、並在最終接受這個結論之前，先尋求或探索，以測試聯想的價值。這包括了：一、大量的經驗和事實，作為聯想之始。二、迅速、彈性和豐富的聯想力。三、聯想的條理、連貫和適當性。當然，一個人在這三方面都有可能受阻：因為他沒有太多能根據以下結論的資源，他的想法可能是不相關、狹隘或粗略的；或是因為儘管有具體事實和廣泛大量的元素材料，卻無法讓人輕易地產生豐富的聯想；最後，或者是因為就算前述的兩個條件都滿足了，聯想到的卻是不連貫且荒誕不經，而非恰當一致的想法。

1 好奇心

激發聯想上最重要，且最有影響的因素，毫無疑問，就是好奇心。希臘智者曾說過，好奇心是一切科學之母。毫無生氣的心智等待著強加於它身上的經驗。英國詩人華茲華斯（William Wordsworth）意味深長的名言：

眼睛，無法不看；
我們也無法命令耳朵不聽；
我們的身體不論在何處都在感覺，
不管我們是否願意。

這句名言如實地表達了好奇心自然地支配著個人。好奇的心智為了尋找思考的素材，時時警醒、探究和尋找；就像精力充沛又健康的身體，**隨時留意**營養的攝取。只要有好奇心，就有對經驗和接觸各種新穎事物的渴望。唯有好奇，才能確保我們尋求推論所需的主要事實。

身體

①好奇心的第一種表現，是十分重要的豐沛能量。身體上的不安定讓孩子

「對什麼都有興趣」，所以他們伸手、戳、打扁、撬開東西。動物觀察者注意到某位作家所稱的：「動物愛做傻事的習性。」、「老鼠跑來跑去、聞東西、挖洞或啃咬，但是這些動作和手頭的事物毫無關係。相同地，傑克（一隻狗）滿地爬又跳上跳下，貓咪到處閒晃和抓抓，水獺像地面上的閃電般四處滑竄，大象笨重地不停來回踱步，猴子拉著東西滿場跑」[1]隨意看看年幼孩子的活動會發現，那些活動代表著不停的探索和測試。他會吸吮、觸碰和捶打物品；拉近、推開；握住、丟開；簡言之，孩子會測試物品，直到他無法再從中得到新鮮感。這樣的活動幾乎不需要智力，但是沒有這些活動，智力活動就會因為缺乏運作所需的事物，而變得微弱和斷斷續續的。

社會

②在社會刺激的影響下，會發展出更高一層的好奇心。孩子學到了可以向他人求助，以累積自己的經驗，所以，假若物體無法讓孩子的實驗產生有趣的反應，孩子可能會找別人來提供有趣的資料，這就開啟了一個新的時代。只

註1 霍布豪斯（Hobhouse），《演化的心智》（*Mind in Revolution*），第一百九十五頁。

要有孩子在，就聽得到他們在問：「那是什麼？」、「為什麼？」一開始，這樣的提問，不過就是孩子將本身充沛的能量投射到社會互動關係，這種豐沛的能量，也就是之前讓他不停地推拉、開關的能量。接下來他開始會問：是什麼支撐著房子、是什麼支撐著支撐房子的土地、又是什麼支撐著支撐土地的地球；但是這些問題並無法證明，孩子真正意識到了任何合理的關聯。他問**為什麼**，並非要求科學的解釋，背後的動機只是因為渴望對他所身在的神祕世界有更多了解。這個探索並不是為了找到定律或是原則，而只是為了找到更重大的事實。但這並不只是想要累積單純資訊，或是蒐集不連貫事物，雖然有時候這種質問的習慣，可能會淪為僅僅是一種語言毛病。只要感覺到感官直接接觸到的，並非故事的全部、背後還有更多東西，也還有更多會有此而生，不管這樣的感覺多麼微弱，都會由此而產生了**求知**好奇心（intellectual curiosities）。

③當好奇心超越生理和社會層面，對觀察事物和累積資料所產生的**問題**感興趣時，這樣的好奇心就變成了求知好奇心。在其他人問過的問題還沒有獲得解答時，孩子持續在自己腦中思索，並留意任何有助於回答這個問題的事物時，好奇心就成了正面的求知慾。對於心智開闊的人而言，自然和社會經驗充

滿著各式各樣微妙的挑戰，需要更加留意。如果求知慾沒有使用，或在正確的時間加以培育，那麼這些力量通常是短暫、稍縱即逝，或者會急遽衰退。這種通則對於不確定或可疑事物的敏感度來說，尤其真切；在某些人身上，求知好奇心如此難以饜足，所以沒有任何事物可以阻擋它，但是在多數人身上，求知好奇心的刀刃很容易被弄鈍。培根說：「我們必須變成小孩，才能進入科學的王國。」這也提醒我們，要保持童稚時期的開闊心智和多變的幻想，以及這樣的天賦多麼輕易就會喪失。有些人因為冷漠或漠不關心而失去這種天賦；有些人因為輕率無理而失去它；很多人雖然不冷漠也不輕率，但卻被局限在冷冰冰的教條主義中，而這對愛幻想的心靈也同樣致命。有些人墨守成規，無法接觸新的事實和問題；其他人只有在與本身職涯中的個人利益相關時，才會保有好奇心。對很多人來說，好奇心來自於對周遭八卦和鄰居生活的興趣；的確，這種現象很普遍，所以對**好奇心**一詞通常的第一個想法就是，窺探詢問別人的隱私。關於好奇心，老師通常應該學的比該教的更多。老師很少能啟發或提升學生的好奇心，他的任務是讓好奇心的聖火保持不滅，並讓灼熱的火焰更加旺盛。老師面臨的難題是，保護有探索精神的心靈，讓它不會因過度刺激而變得麻木，讓它不會因例行公事而變得呆板，讓它不會因教條式的教導而陳腐，或是讓它不會因瑣碎事物而隨意揮霍使用。

2 聯想

不管充裕或不足、重要或繁瑣，我們都會從現存經驗中產生聯想，去思考或是相信尚未出現的事物。聯想並非教出來的；它可以因環境而被修改，無論是變得更好或更壞，但是它不會被摧毀。很多孩子都竭盡所能地想知道他是否可以「停止思考」，然而聯想總是不顧我們的意願持續著，就像「我們的身體不論身在何處都在感覺，不管我們是否願意。」基本上，自然狀況下，**我們並不是**以任何主動負責的意識在思考的，而是，思考就發生在我們內心。一個人只有在可以控制自己產生聯想的方法時，並且可以承擔其結果之後，才能夠真正地說：「**我**認為是如此這般。」

聯想的功能有許多層面（或者也可以說是構面），這些層面在不同人的身上相異，每個層面本身也互不相同，它們互相結合的模式也不同。這些層面是產生聯想的輕易度（ease）或敏捷度（promptness）、聯想的範圍（extent）或種類（variety）、以及聯想的深度（depth）或持續度（persistence）。

①輕易度

①一般區分愚笨和聰明，主要是根據一個人在看到事、物後，是否能夠迅速熟練地產生聯想。就像黯淡和明亮的譬喻所隱喻的，黯淡的心智無動於衷，或者是消極地吸收，發生的事物消失在枯燥乏味而無所回應的單調中；但是明亮的心智則會反思，或是提出不同的見解，思考著他們所有的見聞。黯淡不會有回應；而明亮則會反射出不同的光芒。了無生氣或遲鈍的心智需要重大的變動或劇烈的震撼才能聯想；聰明的心智則能機敏回應，並能夠詮釋或是聯想到會發生的後果。

但是老師並不應該只因為學生對學校的科目、教科書或老師教的課沒有反應，就假設他們反應遲鈍或愚笨。被貼上無可救藥標籤的學生，當他從事的事物對他來說有意義的時候，反應可能快速又靈敏，比如課後的運動或是社交活動。事實上，如果學校的科目是以不同情境、或是以不同方法教導，他們可能會有所反應。一個幾何學不好的男孩，或許在學習與手作訓練相關的科目時，反應快速；一個學不會歷史的女孩，也許在判斷朋友或書中角色的個性或行為時，特別厲害。除了身體有缺陷或生病之外，在**所有**方面都遲緩和愚笨的人相對罕見。

②範圍

②姑且不論每個人在回應事實而產生想法時，其輕易度和敏捷度會不同，他們所產生聯想的數量或範圍也不一樣。在有些例子中，思緒澎湃如洪水；在其他例子，思緒可能只是涓涓細流。有時候，大量又不同的聯想彼此牽制導致反應緩慢，讓人猶豫和遲疑；而活躍且敏捷的聯想會佔據心智，阻礙其他聯想的發展。太少的聯想代表著心智習慣的不足和貧乏；一旦開始學習，他很可能會變成一個書呆子，或是變成像狄更斯小說《艱難時世》（*Hard Times*）中的葛萊恩（Gradgrind）先生一樣，只注重實利。這種人聽起來苛刻，可能會用冰冷的大量資訊煩死別人；他和我們稱為成熟、生動和完美的人相較是相反的。

考慮過幾種替代方案後，得到的結論，可能是正確的，但是這樣的結論並不像在比較過各種不同聯想後，所得出的意義那樣完整和豐富。另一方面，聯想可能太大量也太多變，而無法培養出最好的心智習慣。太多的聯想出現，**會讓人**無所適從，不知道要選哪一個，感覺要做出一個肯定的結論很困難，因而在聯想中徬徨無助。太多聯想本身有好有壞，一件事可以很自然地聯想到另一件事，令人不知道該按實務考量決定，還是要以理論做結論。思考過度是存在的，由一種情況聯想到多樣的觀點，會讓人無所適從，或者，過多的聯想可能不利於排列各聯想之間的邏輯序列，因為這可能會誘惑心智放下重要卻惱人的工作，讓心智不再尋找真正的連結，而接受看似一致連貫，令人愉悅的聯想。最佳的心智習慣，需要在聯想的不足和過量之間取得平衡。

③深度

③深度。區分人的時候，我們根據的不只是他們快速且大量的聰明回應，還有他們回應時所依據的面向，也就是回應的內在品質。

有人的思考是有深度的，而有人則是膚淺的；有人追根究柢，而有人只略微提及最表面的觀點。這一層面的思考或許是教育最少觸及的，也最無法因為外在影響而改變，不管是變得更好或是更壞，都不容易。不論如何，學生接觸主題時所處的情境，可能會迫使他面對主題中最重要的性質，或鼓勵他依據瑣碎事物去處理。普遍的假設是，如果學生只是認為，這兩種思緒對他的心智訓練同樣有益，並假設學習的終點便是資訊的匯集，這兩種看法都易於犧牲重要的思考而促進了膚淺的思考。學生面對日常的實務經驗，能精確知覺分辨重要和無意義的事物，面對學校科目時，卻常認為所有事情都同等重要，或同等不重要，一件事和另一件事都可能同樣為真，或智力不是要用在分辨事物，而只是試圖在字詞中連結文字。

心智的平衡

有時候，緩慢和深度的回應是密切相連的。我們需要時間來消化觀感，並將它們轉化為實質想法。「聰明」可能只是曇花一現。不管是大人還是小孩，「緩慢但確定」的人讓觀感沉澱並累積，所以思考會發生在更深而非較淺的價值層面。很多孩子都因為「反應慢」、無法「馬上回答」而受到指責，但孩子是在花時間聚集自己所有的力氣，以便有效益地處理手邊的問題。在這樣的情況中，如果沒有提供孩子充足的時間和餘裕思考，就會導致快速但簡略和膚淺的判斷習慣。對問題和難題要有深度的見解，後續的思考才會有價值；鼓勵學生為了成功背誦或為了展現記得的資訊，而不去探討真正的問題，這樣的教學方式就是和心智訓練的真正方法背道而馳。

個別差異

那些在學生時代被認為是笨蛋，長大成人後卻成就非凡的人，我們如果研究這些人將會獲益良多。有時候，早先的錯誤判斷，主要是因為孩子所展現的能力，並未獲得當前使用的老舊標準認可，比如達爾文，他對瓢蟲、蛇和青蛙的興趣並不受他人認同。有時候是因為孩子習慣性地比一般孩子，或是比他的老師，反思得更加深層，所以當老師期望學生能迅速回答問題時，這些孩子並沒有任何優勢。有時候是因為學生本身所採取的方法，跟課本或老師的方法慣性地相衝突，而課本或老師的方法，被認為是評價學生的絕對基準。

任何科目都可能需要智力

無論如何，老師不應該再認為「思考」是單一、不可改變的能力，而應該要知道思考一詞代表的是，賦予事物重要性的各種不同方式。另外一個也需要淘汰的相似觀念是，認為某些科目本質上「需要智力」，因此具有一種可以訓練思考能力、幾近神奇的力量。思考是特製的，並非像機器般的現成裝置，可以隨時隨地不論主題以相同方式啟動，思考就像燈籠，亮起時可能會在馬匹上、道路上、花園中、樹木上或河流上等各處灑下光芒；思考是特別的，因為不同事物會讓人聯想到它自己的恰當意義、訴說獨特的故事，而且聯想的方式因人而異。就像身體的成長是透過食物的吸收，心智的成長是透過對主題有邏輯的安排組織。思考不像製作香腸的機器，只是冰冷地將所有材料壓縮製成一種可以買賣的商品，而是一種能夠持續並且連結特定事物所引起的特定聯想的力量。所以，任何科目，不管是希臘文還是烹飪、畫畫還是數學，都是需要智力的；如果智力不在於科目的固定內在結構，而在於它的功能，是能夠開始並引導重要探索和反省的力量。幾何學對一個人的影響，對另一個人來說，相同的影響可能來自運用實驗室設備、精通音樂作品，或是組織商業活動。

3 條理：它的本質

不管事實是狹隘或廣泛，不論由事實所聯想到的結論是多或少，就算把它們結合在一起，也不足以構成反省思考。聯想必須加以組織；聯想必須根據彼此的關係，以及證明它們的事實來安排。當聯想的能力、廣度，以及深度，都適切地獲得平衡或是協調，我們便得到思考的連續性。我們不想要遲鈍的心智，但也不想要輕率的心智。我們不希望隨意的無邊無際，也不希望一成不變的死板。連貫性代表著資料的彈性和多樣性，加上單一且明確的方向。它和機械性的平凡單調，以及跳躍式的活動不同。聰明的孩子很常被唸：「如果能夠靜下來的話，他們什麼都做得到。」他們在任何特定的回應中都如此快速和敏捷。但是，哎呀，他們哪靜得下來。

另一方面，**不分心並不足夠**。極端的一致性並不是我們的目標。專注並不代表不變，也不是限制或停止聯想的流動。它代表的是多樣又有變化的想法，結合成為**單一穩定的趨勢，邁向一致的結論**。專心思考並不是保持不動和靜止，而是持續往一個目標前進，就像將軍讓他的軍隊全神貫注以攻擊或防禦。讓心智專注於一個主題，就像讓船專注於它的航線；這需要地點持續改變，但方向統一。一致且有條理的思考，它改變的也只是主題中的題材。一致性不過就是不矛盾，就像專心是不分心一樣——分心會出現在乏味的例行公事中，或是「很快就會睡著」的人身上。各種不同且不相容的聯想可以出現，並被持續追蹤，但是一致和有條理的思考，能夠以聯想和主要議題的關係，來考慮每一個聯想。

實務需求需要某種程度的連續性

基本上，對多數人來說，發展有條理的思考習慣的主要資源是間接的，而非直接的。知識的組織源自、並一度發展於實現目標所需的行為組織，而非源自直接使用思考力量的結果。需要思考以達成一些思考之外的事，比只為思考而思考更強大。對多數人來說，所有的人一開始，也許是終其一生，都是經由行動的順序，而獲得思考的順序。成人通常有工作、職業或嗜好，而這一點則提供了一條連續的基準線，成人會根據這條基準線，組織自己的知識、信念、以及得出和測試結論的習慣。和事業高效表現有關的觀察，是廣大淵博，且精確的。與此相關的資訊並非在累積後就被堆在一旁；它被歸類並細分，所以有需要時隨時可用。大多數的人做推論，不是單純的因為他們有推測的動機，而是因為他們必須要有效益地完成自己的「各種職責」。所以，他們獲取的成果持續地測試著他們的推論；無用或是零散的方法往往遭到忽視；有條理的安排則備受重視。事件、議題持續檢視著導致它發生的思考；而這個以有效率的行為而來的規範，就是思考條理的主要支柱，特別對那些不是科學專家的人來說，更是如此。

這樣的資源，是成人生活中訓練有素思考的主要支架，在訓練孩子正確認知習慣的時候也不能輕忽它。但是，這些井然有序的活動，在孩子和成人之間有深深的差異，在任何教育活動中，這些差異都必須認真看待。①因活動所產生的外在成就，對成人來說有更急迫的需求，因此相較於孩子，這對成人是更有效的心智訓練方法。②成人活動的目標比孩子活動的目標更專業。

孩子的特殊困難

①比起成人，為青少年選擇和安排一序列適當的行動，是更加困難的問題。對成人而言，主要的規劃大致為環境所決定。成人的社會地位（他是公民、一家之主、家長、從事某種有常規的行業或專業工作），決定了成人行為的主要特徵，並且好像有些自然而然地決定了合適和相應的思考模式。但是孩子並沒有這樣的固定地位和職業，所以幾乎沒有辦法判定是這些，而不是那些連貫行為是必須遵守的，而他人的意志、孩子自己的三心二意，以及周遭的環境，都讓孩子容易做出短暫的獨立行為。因為沒有持續的動機，再加上孩子的內在可塑性，這就更加彰顯了教育訓練的重要性，以及替孩子和青少年尋找能夠像重要職業和職責，那樣影響成人的連貫活動模式，是多麼的困難。就孩子的例子來看，活動方式的選擇，更是取決於武斷的因素、單純的學校常規、教育思潮和社會風氣的波動，所以有的時候，會覺得教育的辛勞都白費了，便因此完全忽略以實際活動作為教育的一環，回歸到純粹理論的主題和方法。

孩子的特殊機會

②然而，正是這樣的困難說明了：在孩子生活中**選擇真正具有教育性活動的機會**，比起成人更加無限廣大。對多數成人而言，因為外在的壓力太過強烈，所以不管工作中的教育價值（工作對智慧和性格的反射影響）有多真實，

都是偶然發生的，而且通常幾乎都是意外發生的。青少年所面臨的難題和機會，便是選擇有條理和持續的工作，能夠為成人生活不可或缺的活動做好準備，也會充分影響**思考習慣的養成**。

在極端之間的行為和反應

就實務和活動而言，教育實務一貫的趨勢是，在兩個極端之間擺盪。一個極端是幾乎完全忽略它們，因為它們混亂又浮動，不過就是年輕心智短暫不成熟的喜好和反覆，只會讓人分心；或是，假如沒有這些弊病，那便是令人反感地仿效成人生活中十分專業、有點商業化的活動。如果學校中允許這些活動，那便是不甘願的讓步，因為學生偶爾需要紓解消耗腦力的學業壓力，或是因為學校屈服於外界的功利主義。另一個極端是，滿腔熱情地相信，只要不是消極地吸收學術和理論教材，任何活動都有神奇的教育功效。鼓吹玩樂、自我表達、自然成長的概念，好似任何自發性的活動機會，都一定會提供心智力量所需要的訓練；或者是鼓吹像神話一樣的大腦生理學，並用大腦生理學來證明，任何肌肉的運動都可以訓練思考的力量。

找出教育的問題

我們從一個極端迴盪到另一個極端，卻忽略了最嚴重的問題，也就是如何發現和安排具備下列特性的活動：一、最適合未成年人智力發展；二、最能夠為成人生活的社會責任做好準備；三、以及**同時**，最能夠影響養成準確觀察和一致推論的習慣。好奇心和思考素材的取得息息相關，而聯想則關係到思考的彈性以及力量，所以，是活動的順序安排，而不是活動本身的知識，和形成連貫的思考力量有關。

第四章

學校環境和思考訓練

1 緒論：方法和環境

所謂的官能心理學（faculty psychology）和在教育界中盛行的形式訓練（formal discipline）觀念緊密相關。如果思考是心智機制中獨特的一部分，和觀察、記憶、想像以及使用常識判斷人事物不盡相同，那麼就應該使用特別為思考設計的活動，來加以訓練，就像我們會為了鍛鍊二頭肌，而設計特定的運動。某些學科被視為**最**需要智力、或**最**有邏輯的題材，特別適合用來訓練思考，就像某些器械，比起其他器械更適合用來鍛鍊臂力。除了前述的三個觀念，還有第四個觀念，那就是方法是由一組活動所組成的，而思考依據此組活

和真實思考

動，在不同的主題上持續運轉。

在上一章，我們談到單一和一致的思考力量並不存在，思考是特定事物（觀察到、憶起、聽到、閱讀而得的事物）以眾多不同方式激發聯想或想法，這些聯想或想法和事件本身息息相關，且能產生後續的效果。訓練就是開發好奇心、聯想，以及探索和測試的習慣，並擴大它們的範圍，和提升它們的效率。一個科目，或甚至是任何科目，對**任何人**來說，都對好奇心、聯想以及探索，和測試習慣的培育，有著深遠的影響，所以在某種程度上來說，每個科目都是需要智力的。在這樣的見解下，第四個因素（或是方法），就是提供適合個人需求和能力的環境，以便觀察、聯想和調查持續不斷地進步。

方法的真假意義

因此，老師面臨的難題是雙面的。一方面，就像我們在上一章談過的，他需要學習個人的特質和習慣；另一方面，他也需要學習環境，如何影響個人慣性表達自己的方式，不管變好或變壞。老師必須了解，方法不僅僅包含，他為了心智訓練而特別設計和使用的事物，也包含任何他並非刻意為了訓練心智所做的事物，也就是任何在學校的環境或教學方式中，能夠引起孩子的好奇心、反應和條理分明活動的事物。老師如果本身就能聰明地學習個人心智活動，和學校環境對這些心智活動所造成的影響，那麼相信這樣的老師能夠以更特定、專門的方式發展教學方法，也就是那些最適合在特定科目（比如閱讀、地理或是代數）中達成目標的方法。如果一個人並未明智地了解個人的能力，和大環境在無意中加諸於他們身上的影響，就算他有著絕佳的專業教導方法，能出現立即成效，卻只會犧牲了根深柢固又久遠的思考習慣。我們可以將學校環境的刺激影響分成下列三種：①孩子周遭的人所持有的心智態度和習慣。②學習的科目。③當今的教育目標和理想。

2 他人習慣的影響

人類天生就愛模仿，這就足夠解釋其他人的心智習慣，是如何深刻地影響著接受訓練的人的態度。榜樣（example）比訓誡（precept）更強而有力；老師不自覺或認為不重要的個人特質，可能會阻礙了自己盡心竭力的努力。錯誤的教導和訓練方法，可能會因為老師使用的方式能夠啟發人心，而被認為無害。

但是，如果認為教育工作者（不管是家長還是老師）對孩子的刺激影響只

對環境的回應是基本的學習方法

來自模仿，那便是很膚淺地看待他人對我們的智力所產生的影響。模仿只是深奧原則的其中一種情況，是和刺激以及回應有關的情況。**老師做的每一件事，以及他做事的方式，都鼓勵孩子以某一種方式回應，而每一種回應也都讓孩子的態度偏向某一種方式**。就連小孩把大人的話當耳邊風，通常也是一種回應模式，是在不自覺的訓練中所產生的結果[1]。老師很少（就算有，也並非完全）只是傳遞某個科目給孩子的中介者，對孩子來說，老師的個性和科目的特性是緊密融合的；孩子不會分開看待兩者，也不會分辨兩者的不同。孩子對所教事物的回應，不是**靠近**就是**遠離**，可能連他都沒有察覺，自己持續地記下了喜歡和不喜歡、贊同和厭惡，而且這些反應並不只是針對老師的行為，也針對老師所教導的科目。

老師自身習慣的影響

老師對孩子的道德、舉止、個性、言談習慣和社會關係，其影響程度和力度，受到普遍的認同。但老師總認為思考是獨立的能力，而常常沒有發現這樣

註1 原註：一個四、五歲的孩子，他媽媽叫了他好幾次，他卻沒有任何反應。問他是不是沒聽見媽媽叫他時，他回答：「喔，有啊，但是她還沒有很兇地叫我。」

的影響力在智力思考中，也同樣真實且普遍。老師多多少少堅持重點、回應方式多多少少僵硬嚴苛，或是對出現的事物展現多多少少求知慾，孩子也一樣。在老師的教導方式中，上述的每一種特徵都是不可避免的一部分。僅僅只是採納，卻沒有注意到這些馬虎言談、鬆散推論、毫無想像力的回應，就是贊同這些行為，讓它們成為習慣，最後，老師和學生間所有的互動都變成如此。在如此錯綜複雜的領域中，有兩、三個要點可以提出來特別注意。

以自身觀點評斷他人

①多數人不知道自己心智習慣的不同特點，他們將自己的心智活動視為理所當然，並不自覺地將自己的心智活動，當作判斷他人心智過程的標準。[2]因此，老師便很容易鼓勵學生追求和這種態度相符的事物，並且要學生忽略或不去了解和這種態度相衝突的事物。在心智訓練中，我們通常高估了**理論**科目的價值，卻絲毫不在意實踐性的科目，毫無疑問地，這有一部分是因為被挑選來當老師的人，通常是對理論特別感興趣，而不是那些被認為有實踐能力的人。依照這個基礎而篩選出來的老師，當然也會用相同標準來判斷學生和科目，鼓勵那些喜愛理論的學生，發展單方面的理論知識，卻不讓學生學習重要的實踐能力。

老師個人直接影響被誇大

②老師，尤其是能力好又厲害的老師，常常會使用他們個人的強項，吸引孩子認真聽課，因此他們個人對學生的影響，便取代了科目主題對學生的影響，並且成為學生學習的動機。老師根據經驗發現，用科目吸引學生的專注力幾乎是不可能的事，但是使用本身的個性來吸引學生通常很有用。於是他越發利用個性，直到師生關係幾乎取代了學生和科目的關係。結果，學生依賴和偏好老師的吸引力，而漠視科目本身的價值。

獨立思考和「取得答案」

③除非小心監督和指引，否則老師本身的心智習慣，很容易就會讓孩子學到老師的個性，而不是學習到他應該學習的科目。孩子關切的是，如何讓自己符合老師的期望，而非積極地讓自己專注於教材所提出的問題上。「這是對的嗎？」這句話的意思變成：「這個答案或過程會讓老師滿意嗎？」，而不是「這會解決問題嗎？」孩子在學校學習人類的天性，是天經地義，也十分有價

註2 原註：問腦中有**數字形式**（number forms）的人（比方說，這些人能在空間中投射數字，並能夠看見數字以某種形狀排列）為什麼他們從沒提過自己有這樣的能力，通常得到的回答是：他們從沒想過，他們以為每個人都有這種能力。

值，如果要否認這樣的正當性和價值，是很愚蠢的事。但很明顯地，孩子主要的智力思考，也絕不應該是製造老師認可的答案，他們的成功標準不應該是成功地迎合他人的要求。

學科的類型

3 學科本質的的影響

學科可依照慣例並方便省事地劃分成三種類型：①特別需要習得表現技能的學科，也就是學校的人文學科，比如閱讀、寫作、計算和音樂。②主要注重在習得知識的學科，也就是「資訊」學科，比如地理和歷史。③認為實作技能和大量資訊較不重要，而是追求抽象思考、「推斷」，也就是「訓育」（disciplinary）學科，比如數學和形式文法。[3]每一種類型都有自己獨有的謬誤。

抽象事物是被孤立的事物

①在所謂的訓育學科或重視邏輯的學科中，有著將智力活動獨立於日常事務之外的危險。老師和學生都偏向認為，邏輯思考是抽象而遙遠的事情，和日常生活特定具體的需求顯著不同。抽象的事物容易變得冷漠疏遠，和實用性

過度強調機械和自動的事物

相隔千里，並且脫離了實際和道德的層面。專業學者在本身的領域之外很容易受騙；他們有著浮誇的推論和言論習慣；他們無法在實際事務中做出結論；他們對自己學科自負的專注；這些極端的例子，都顯現了將學習和日常生活完全分離，所造成的不良影響。

②主要注重在技能習得的學科，所帶來的危險則恰恰相反。這樣的學科總是選擇最快的途徑，以達到所需的目標。這讓科目變得**機械化**，因此限制了智力。在學習閱讀、寫作、畫圖、實驗技術等等的時候，因為過於強調節省時間和材料、整齊和準確、迅速和一致，而讓這些需求變成為了目的，卻不顧它們對心智態度產生的影響。全然的仿效、聽從步驟的指令、機械化的演練（drill），雖然可能會很快速地製造出結果，卻會加深對反省能力有害的特質。命令學生做這些、做那些特定的事，但學生卻根本不知道為什麼要這麼做，他只知道這麼做能夠最快地達到他所要的結果；老師指出並糾正他的錯

註3 原註：當然，任何一個科目都有這三種面向：比方說，數學的計算、書寫和閱讀數字、快速加法等等，都是實作技能，度量衡表則是知識等等。

重複演練

誤；學生單純地反覆某種行為，直到這種行為變得完全自動化。老師之後才開始疑惑，為什麼學生閱讀時都沒有流露情感，解決問題時也不怎麼用腦。在某些教育的教條和實踐方法中，訓練心智的觀念，似乎無可救藥地與根本不顧及**心智，或甚至是讓心智變得更糟**的演練，混為一談，因為重複演練完全是訓練外在執行的技能。這樣的方法是把「訓練」人類的方式，降成了訓練動物的層次。若要聰明非機械化地**使用**實際的技能、有效的技術，那就必須要**運用**智慧學習這些技能。

智慧和資訊

③同樣地，當重點一直都聚焦在大量和準確的資訊上時，相同的論點也適用。資訊和智慧相異，雖然是人盡皆知的事，卻需要不斷地提起。資訊僅僅是被獲取和儲存的知識；智慧是幫助邁向更好生活的知識。資訊若單純只是資訊，就代表著它不會提供任何特殊的智力訓練；而智慧則是智力訓練最棒的成果。在學校裡，老師教導學生大量累積資訊，卻完全沒有考慮到，理想的智慧或是良好的判斷力。教學目標通常好像是，尤其是在像地理的學科中，把學生變成一本充斥著「無用資訊的百科全書」。「涉獵資訊」變成了首要的必須，心智培育則成了不合宜的第二。思考當然不能可能憑空進行；只有在完全掌握

資訊時，聯想和推論才能發生。

但是，認為獲取資訊本身就是目的，以及認為獲取資訊，是思考訓練中不可或缺的一部分，這是兩個大相逕庭的概念。認為那些不是為了識別或解決問題而累積的資訊，之後還可以在思考時任意地加以運用，這點錯得很嚴重。能隨時讓智力任意指揮的技能，是憑藉智力所習得的技能；如果沒有意外，唯一可以有邏輯地加以使用的資訊，是那些在思考過程中所獲得的資訊。很少藉由書本學習的人，根據具體的需求獲取知識，所以他們通常能夠有效地利用每一分毫的知識；而學識淵博的人，則常常被自己廣泛的學習壓得喘不過氣來，因為他們是使用記憶在學習，而非思考。

4 當今的目標和理想

當然，我們不可能把當今的目標和理想，這樣有點無形的條件，從前述觀點中分離；因為充斥於學校中的教育理想，便是學習自動化的技能，以及獲取大量資訊。但是，我們可以辨識某些現存的趨勢，比如從外在成果的立場，而不是從個人態度或習慣的觀點，來判斷教育成敗。追求**結果**，而非獲得結果的心智**過程**，在教學和道德規範中都可以看得到。

①在教導中，「正確答案」的重要性彰顯了外在的標準。老師認為讓學生能夠正確地複誦他們的課程，是最重要的事，若是這樣的想法主導著**老師的**心智，那麼他們就完全無法把心思放在學生的心智訓練上。只要老師認為這樣的目標是重要的（不管是有意識還是無意識的），心智的訓練就只是附帶和次要的考量。我們不難了解為什麼這樣的理想會如此盛行：老師需要教導大量的學生，家長和學校當局又要求快速且具體的進步，這兩點不約而同地助長了這樣的理想。在這樣的目標下，只要求老師了解科目教材，卻不要求老師了解孩子。再者，老師明確地劃分和設計科目內容，因此相對而言，學生學習這些科目就會更容易。教育的目的，如果是提升學生的心智態度和方法，那老師就需要更認真地準備，需要深入了解個人的心智運作，以及完全掌握各種教材，才能夠在正確的時間點，選擇並使用正確的事物。最後，注重外在結果的目標，當然也變成了學校行政的目標，比如注重考試、分數、成績等等。

②外在的理想對於行為也有很大的影響。遵守準則和規範的行為是最簡

單的，因為執行這些行為是最機械化、標準化的。我們現在的任務，並不是辨別教義的教導、慣例、常規的嚴格遵循，以及來自社會高層的命令，在道德訓練中應該佔多大的部分，但是因為品行問題（problems of conduct），是生活問題中最深切也最普遍的問題，應對品行問題的方式能夠影響各種心智態度，甚至影響那些直接或有意識的道德考量，更深遠的態度。的確，**處理行為問題的方式，確立了每個人最深層的心智態度**。如果在應對品行問題時，幾乎沒有思考、認真探索和反思，那麼就無法期望，思考習慣能對較不重要的事物，產生重要的影響。另一方面，在深遠且重要的品行問題中，積極探索和謹慎考量的習慣，則提供了最好的保障，保證心智的大致結構是合理的。

第五章

心智訓練的方法和目標：心理學和邏輯上的

本章的特別主題

邏輯一詞的三種意義

1 緒論：邏輯的意義

在上一章我們已經討論過①什麼是思考。②思考特殊訓練的重要性。③有助於思考訓練的天性。以及④在學校中，思考訓練面臨的特殊障礙。我們現在要談論**邏輯**和心智訓練目的的關係。

在最廣義的意義中，任何最終能夠做出結論的思考，都是邏輯的，不管結論是正當或謬誤；也就是說，**邏輯**一詞，涵蓋了**邏輯**上對的事物，以及沒

實際是邏輯一詞重要的意義

細緻、完善、準確，是邏輯事物的特點

有邏輯，或是邏輯上為誤的事物。在最狹義的意義中，邏輯的思考根據的是意義明確，以及那些不證自明，或已被證明為真的前提。嚴格的證明在這裡就等於是邏輯的事物。在這樣的意義下，只有數學和形式邏輯[1]（或許作為數學的一個分支）是完全有邏輯的。但是，邏輯一詞還有第三種意義，它立即是更重要也更實際的意義；也就是為了保障反思而採取的謹慎態度，負面和正面態度都是，所以反思能夠在特定的環境下，製造出最好的結果。要是**人為**（artificial）一詞可以聯想到**人文**（art）的觀念，或是聯想到透過自願學習獲取的專業技能（而非聯想到虛幻不實），我們就可以說邏輯也代表人為思考。

在這樣的意義下，**邏輯**一詞就等於是清楚明瞭、詳盡透澈以及謹慎小心的反思，這是思考的最佳意義（參見p.44）。反思是在各方面、用各種方式認真思考一個題目，所以不會遺漏任何重要事物；就像一個人會把石頭翻

註1 formal logic，指從思維的一個方面，來研究概念、判斷、推理等思維工具的一門學問，其目的在協助人們獲得推論的知識。形式邏輯也研究正確思維的條件，則人們在推理過程中，使用概念、判斷要保持同一、確定，首尾一貫，不要自相矛盾；以求保持充足理由。

智育的目標就是養成有邏輯的性格

過來，看看石頭底下是什麼樣子，或看看被石頭蓋住的是什麼東西。**就實務上來說**，**細心周到**和謹慎小心的注意是一樣的；全神貫注在一個科目上，就是對這個科目留意關注、勞心費神。說到反思，我們很自然地會使用**衡量**（weigh）、**仔細考慮**（ponder）、**深思熟慮**（deliberate）等詞彙，這些詞彙暗示著，敏銳和謹慎的平衡相互對抗的細節。和上述詞彙緊密相關的名詞，包括**審查**（scrutiny）、**檢視**（examination）、**考慮**（consideration）、**檢查**（inspection），這些詞彙都代表著，嚴密和謹慎的洞悉觀察。思考就是明確地連結兩件事物，像我們說的：「根據現有的證據推測真相」。這樣的過程也需要如數學般的精準性和明確性，而讓我們使用**計算**、**測算**、**解釋**等詞彙描述此過程；甚至還有**推理**，就如**求出比率**（ratio）。謹慎、小心、完善、明確、準確、條理分明、有條不紊等特性，讓我們用以標記邏輯，區別學術性和正式的一端，和隨機任意的另一端。

教育者當然關心邏輯的實際和重要意義，這一點不容置疑。需要論證的原則或許是，證明**智育（不同於道德）完全且唯一的目標是邏輯**；**也就是，養成謹慎**、**敏捷和透澈的思考習慣**。無法認可這樣的原則，主要的困難在於，

邏輯和心理的錯誤對立

錯誤地看待個人心理特質，與其邏輯成就之間的關聯。如果假設（常常會如此假設）兩者在本質上互不相關，那麼就不可避免地會認為，邏輯訓練是某種外來、不相關的事物，是被灌輸在個人身上的事物，以至於荒謬地認為教育的目標，是開發邏輯力量。

自然相對於邏輯

說來奇怪，有兩派對立的教育理論認為，個人心理和其採用的邏輯方法及結果，沒有任何內在關聯。一派學說認為，**自然**[2]的事物是主要且根本的；此學派傾向不刻意培育智育。它注重自由、自我表達、個體性、自發性、遊戲、興趣、自然的發展等等。這學派強調個人態度和活動，注重井然有序的主題或學習的材料，並且構思包含各種不同手段的**方法**，以便在發展的自然順序中，刺激和引發個人的天生潛質。

忽視邏輯天性

另一派學說則十分重視邏輯的價值，但是認為個人的天性是嫌惡，或至少是冷漠地看待邏輯的思考。這個學派依賴**學科**，依賴已經被定義和歸類的事物。於是，此學派就是用這樣的方法，教導天生不情願和叛逆的心智。因此它

註2 原註：代表任何和個人的自然結構和功能有關的事物。

只用學科識別邏輯

注重的是規範、教導、克制、自願，和有意識的努力、任務的必要性等等。在這樣的觀點下，學問體現了教育裡的邏輯因素，而非態度和習慣。心智只有在學習順應外在學科時，才會變得有邏輯。為了讓心智順從，學問首先會被（由教科書或教師）分解成邏輯元素，之後每個邏輯元素會被定義；最後，所有元素根據邏輯公式或普遍原則，加以排序和分類。學生一個接一個地學習這些元素定義；並慢慢地學習更多的元素，以建構邏輯系統，於是逐漸從毫無邏輯的人，成為合乎邏輯的人。

以地理為例

上述論點若透過實例闡述，會更有意義。假設學習科目是地理。首要之務是先定義地理，以區分地理和其他科目。接著，一個接一個地提出和定義，各種根據科學發展的抽象詞彙，極點、赤道、黃道、地帶，從較簡單的單位，到由較簡單單位所組成的複雜單位，再依照相似的順序理解較複雜的元素：洲、島、海岸、海角、岬、地峽、半島、海、湖、海灣、灣……等等。在學習這樣的教材時，心智不但吸收了重要的資訊，也因順應現成的邏輯定義、普遍歸納和分類，而習得了邏輯的習慣。

以繪畫為例

在學校所教導的每一個科目中，都使用這樣的方法，舉凡閱讀、寫作、音樂、物理、文法、算術。舉例而言，教導繪畫依據的理論是，所有的圖畫描繪都是直線和曲線的組合，因此，最簡單的程序，就是讓學生學會往不同方向畫出直線（水平、垂直、各種角度的對角線），再練習典型的曲線；最後用不同排列組合，結合直線和曲線，而構成真正的圖像。這看似是「有邏輯的」方法，先從分析元素開始，再以規律的順序進行至愈來愈複雜的組合，在使用每一個元素時，也同時定義這些元素，所以能清楚地理解每一個元素。

即使並未嚴格遵守上述方法，學校（特別是中學和小學高年級）多半會在學生運用邏輯得出結果的時候，特別注意學生所運用的形式。學校認為特定步驟有著特定順序，這樣的順序就代表學生已經理解科目，學生則被要求，將自己的學習過程「分解」成這些步驟，**也就是**學習特定規律的公式。雖然在語法和算術科目中，這樣的方法最為顯著，它也入侵到歷史，甚至文學領域中，因應智力訓練的要求，這樣的方法變成了「大綱」、圖表、分部和分支的基模。在背誦大人預先安排好的邏輯時，小孩通常容易壓制自己細微、但重要的邏輯活動。大概就是因為老師採用了這樣錯誤的邏輯方法概念，所以讓教學法惡名昭彰。對很多人來說，「教學法」（pedagogy）明確代表的就是一套**機械化**、

對缺乏形式和方法的反應

題材中的邏輯是成人或受過訓練的心智的邏輯

不自然的方法，用剛硬的外部基模，取代了個人本身的心智活動。

從這些自稱「有邏輯的」方法產生了不良結果，而這些不良結果則導致了無可避免的反應。學生對學習沒有興趣，習慣漫不經心和拖拖拉拉，厭惡應用知識，依賴全然的死背硬記和機械化的慣例，不太理解自身的價值和意義，在在顯示了邏輯定義、分類、階段和系統的理論，在實務上不可行，並沒有按照理論預期在運作。而最後的結果，就如同在所有反應中一樣，便往另一個極端走。「有邏輯的事物」，被認為是完全人為和外來的；老師和學生都不屑一顧，並且只為現有的習性和愛好努力。認為天性和自然力量，是發展唯一可能的起始點，這樣的觀念確實有益；但是反應錯誤，因此會誤導人，因為它忽略和否認了，在現有力量和興趣中，存在的真實智力因素。

以往被稱為邏輯的事物（也就是，學科題材觀點的邏輯），事實上代表的是，受過訓練的成人心智的邏輯。能夠細分一個科目、定義它的元素，並將元素根據普遍原則，分組為不同類別，這就是在詳盡訓練**之後**達到頂峰的邏輯能力。心智若能慣性地展現分類、定義、歸納，和系統性概括的能力，那麼便不再需要接受訓練、學習邏輯方法。但是假設無法做出這些活動，而需要訓練的

不成熟的心智也有自己的邏輯

因此，**心理**和**邏輯**代表著相同活動的兩端

心智，能在接受訓練後馬上運作，這是很荒謬的。**教材中有邏輯的事物代表目標，目標是訓練的最後階段，而非起始點**。

事實上，心智在每一個發展階段都有自己的邏輯。認為鼓勵自發的傾向和使用多樣的教材，可能會造成對邏輯棄之不顧，這是錯誤的觀念，因為它忽略了好奇心、推論、實驗和測試，在學生生活中已經佔有多重要的部分。因此，這樣的觀念低估了個人自發性遊戲，和工作中的**智力**因素，單單這個因素本身就很具有教育性。任何老師只要注意到，在一般孩子的經驗中，自然運作的思考模式，當然就不會使用現成的教材內容，來辨認孩子的邏輯，也不會認為不犯下這種錯誤的唯一方法，便是不考慮邏輯。這樣的老師將能夠看清智育的真正難題，是將自然力量轉變為專業、測試過的力量：將幾乎是隨機的好奇心和偶然的聯想，轉變成機警、小心和透澈探索的態度。老師會發現心理和邏輯並非相互對立，或獨立於彼此之外，它們是相互關聯的；**就像在一般成長連續過程中的早期和後期階段**。就算並非有意識地被邏輯考量控制，自然或心理的活動本身，也具有智力功能和完整性；若能夠有意識且深思熟慮地思考，思考就成為習慣或第二天性。最初的天性在精神上已經是有邏輯的，而第二天性展現

深植的習性和態度，那麼，這就和任何異想天開，或隨意衝動的活動，一樣是**心理的**，也是屬於個人的。

2 規範和自由

規範的對錯概念

因此，心智的規範，實際上是結果，而非原因。一個人如果能夠獨立運用和控制智力，以學習科目，他的心智就是受到規範的。規範代表原本天生的才能，透過漸進的練習，而成為有效的力量。只要心智受到規範，在特定科目中就有了控管思考的方法，於是心智可以自主地管理自己，而不需要外在的指導。教育的目標，就是培育這種獨立自主和有效的智力類型，也就是**守紀的心智**。規範是正面且有建設性的。

認為規範是重複演練

然而，規範常常被認為是負面的，是痛苦的、令人厭惡地逼迫心智遠離舒適的途徑，而走向限制重重的途徑，是一種當下令人難以忍受的過程，卻是為了多多少少有點遙遠的未來，所做的必要準備。規範於是逐漸被認為和重複演練（drill）相似，重複演練又被認為，類似於不斷將異物打成剛強材質的行為，或是像訓練招募的士兵，要保持軍人風範和習慣；但對士兵來說，那種機械化的慣例程序，完全與其本身格格不入。後者的這種訓練，不管它是否被稱為規範，都不是心智規範。它的目標和結果並不是**思考習慣**，而是一致的**外在行為模式**。因為老師並不明白規範的意義，而誤以為他在培育心智力量和效益，但是實際上，他所使用的方法卻限制和削弱了智力活動，並很容易導致機械化的慣例程序，或讓心智變得被動和屈從。

是獨立的力量或是自主

一旦規範被視為智力有關術語（是有效心智運作的慣常力量），它和自主的真實意義相當。因為心智自主代表著：心智力量能夠獨立運作，不再依賴他人的指導，而不僅僅是不受阻礙的外在運作。

自主和外在自發性

倘若認為自發性或自然性，和隨意短暫的衝動大致相同，那麼教育者就會傾向於提供許多刺激，好讓自發性活動繼續下去。因此提供了各種有趣的題材、設備、工具、活動模式，以便確保自主的自我表達持續不斷。但這樣的方法忽略了，某些能夠獲得真正自主性的重要條件。

思考所需的某種障礙

①對思考來說，直接立即地發洩或表達衝動是致命的，只有在某種程度上檢驗和回顧衝動，反思才會發生。假定必須從外部施加專斷的任務，才能提

供可以產生思考的困惑和困難，是愚蠢的錯誤。每一種深度或廣度的重要活動，都難免會在努力實現的路上遇到障礙，這個事實讓尋求人為或外在問題變得多餘。但是，教育者應該珍惜在經驗中出現的困難，而不是將困難減至最低，因為它們是對反思探索的自然刺激。**自主並不是繼續著，持續且不受阻礙的外在活動**，而是透過個人反思，**讓當下滿溢的想法和自發性成功成為可能**。

智力因素是自然的

②強調心理和自然的方法，卻忽略在成長的每一階段中，由好奇心、推論和對測試的渴望，所構成的天性有多重要，這樣的方法便無法保障**自然發展**（natural development）。在自然成長中，活動的每一個連續階段都無意識，但仔細地為下一階段顯現的條件做準備，就像是植物成長的循環一樣。但是，這並非假設「思考」是特別、獨立的天性，必然會在適當時機開花結果，僅因為之前曾展現各種感官和肢體活動，或曾未經思考就運用觀察、記憶、想像和手作技能。只有在使用感官和肢體指引觀察和行動時，持續地思考，才是為後續更高層的思考類型做好準備的方法。

目前的觀念認為，孩子在童年時期幾乎完全無法反思，那是一個僅僅注重

思考和任何人類心智活動是同時誕生的

感官、活動和發展記憶的時期，然而青春期卻突然出現了思考和推理判斷。

但是，青春期並不是魔術的同義詞。毫無疑問地，孩子在青春期應該有著比童年時期，更寬廣的視野、對事情和問題都更加敏銳，對自然和社會生活，有著更豐富且普遍的觀點。這樣的發展提供了一種比之前所學到的思考，還要更加全面且抽象的思考類型。但是思考依然維持著它一直以來的樣貌：追蹤和測試根據事實和生活事件，所聯想到的結論。當小寶寶玩的球掉了，思考就開始了，寶寶開始預見尚未存在事物的可能性：球再度出現，並開始預測實現這種可能的步驟，藉著實驗，用他的想法來領導他的行動，也因此測試了想法。只有充分利用在童年經驗裡，已經活躍的思考因素，在青春期或在其他較晚的時期中，才能確保更高層次的反思力量會出現。

養成壞的心智習慣

③不論如何，**確切的習慣已經養成**：假如不是謹慎小心調查事物的習慣，那就是倉促、漫不經心、浮光掠影的習慣；假若不是持續檢視所有發生聯想的習慣，那就是隨機、見異思遷猜測的習慣；假若不是等到推論已經過證據檢視測試，才做出判斷的習慣，那就是輕信和輕率懷疑交替的習慣、不管相信或不相信，所根據的都是幻想、情緒或是意外的狀況。唯一能夠達到小心謹慎、透

澈詳盡和連續性（如同我們所見，這些特性是「邏輯」的元素）的方法，是從一開始便運用這些特性，並確定自身能夠運用這些特性的環境。

簡而言之，真正的自主是需要智力的；它仰賴受過訓練的**思考力量**，是「認真考慮」、仔細檢視事物、判斷手中證據數量和類型，是否足夠做出決定的能力；假若證據不夠，也能夠知道去哪裡，以及如何尋找，所需的證據。如果一個人的行為，不是由設想周到的結論所指引，那指引行為的，就是未慎加考慮的衝動、不平衡的欲望、反覆無常，或是當下的環境。營造不受限制、無法反思的外在活動，就是鼓勵奴役心智，因為它讓人任由欲望、感官和環境擺布。

真正的自主是需要智力的，不是外在的

第二部

合乎邏輯的考量

第六章 完整思考行為的分析

第二部的宗旨

在第一部簡短討論過反省思考的本質後，接著談論了反省思考訓練的必要性。然後，我們談到訓練的資源、困難和目標。這些討論的目的，是在探討訓練學生的心智時，所面臨的普遍問題。現在馬上要開始討論的第二部，主旨是更完整地敘述思考的自然和正常成長，以便在總結第二部的時候，將培育思考所面臨的特別問題併入考量。

在本章中，我們會分析思考的過程，將過程分解為步驟階段，或是基本構成要素，此分析將根據數個極簡單，卻真實的反思經驗案例來論述。[1]

1. 「有一天，我在市區的十六街上，注意到了一個鐘。我看到時針和分

一個實際考量的簡單案例

針指著十二點二十分。這讓我想到，一點的時候，我在一百二十四街有約。我剛剛花了一個小時搭路面電車才抵達市區，我推想如果回程也搭路面電車，那麼大概會遲到二十分鐘。如果搭快捷地鐵，可能會快二十分鐘。但是附近有地鐵站嗎？如果沒有的話，我花在找車站的時間可能會超過二十分鐘。於是我想到了高架纜車，在兩個街區內，我看到了高架纜車的纜線。但是車站在哪裡？如果車站離我所在的位置還有好幾個街區，那我可能省不了時間，反而會花更多時間。我又想到快捷地鐵比高架纜車要快；而且比起在一百二十四街的纜車車站，在一百二十四街的地鐵站離我要去的地方更近，所以搭地鐵會比較快。於是我決定選擇搭地鐵，並在一點時抵達目的地。」

一個根據觀察的反思簡單案例

2.「在我每天搭乘過河的渡輪上，有一根白色的長型杆子，它從上層甲板幾近水平地延伸，杆子上面有一顆鍍金的球。第一眼看到杆子的時候，我覺得它是旗桿，它的顏色、形狀和金球都支持我的想法，並且也讓我相信自己是

註1　原註：這些內容出自學生論文，幾乎是逐字照抄的。

對的。但是我馬上就碰到了困難。杆子幾乎是水平的，對旗杆來說，這是很不尋常的位置；再者，旗杆上並沒有可以用來固定旗子的滑輪、扣環或是繩索；最後，在其他地方還有兩根垂直的杆子，有時候上面會飄揚著旗子。所以，這根杆子很可能不是用來懸掛旗子的。

「我試著設想這根杆子各種其他可能用途，考慮了下列最適合的可能性：(a)它可能是裝飾品。但是所有的渡輪，甚至拖船都有這樣的杆子，所以這個假設不成立。(b)它可能是無線電報終端機。但是如果仔細考慮杆子最合適的用途，這個假設也不太可能為真。再說，更適合裝設終端機的地方，應該是渡輪的最高點，也就是駕駛艙的上面。(c)杆子的用途可能是指出渡輪行駛的方向。

「為了證明上述的結論，我發現杆子比駕駛艙要低，所以舵手可以輕易地看見它。另外，杆子的頂端比底部高，所以從舵手的位置來看，杆子一定是從船頭延伸至遠處。還有，舵手很靠近船頭，所以他需要某種指引方向的東西。拖船也會需要這種用途的杆子。第三個假設比其他假設更有可能，所以我接受了這個假設。我得到的結論是，設立杆子是為了告知舵手渡輪行駛的方向，以便讓舵手航向正確的方向。」

一個含括實驗而反思的簡單案例

3.「用熱肥皂水洗杯子，並將杯子口朝下放在盤子上，泡泡先在杯口出現，之後則跑進杯子裡。為什麼會這樣？泡泡的出現代表著空氣的存在，我注意到空氣一定是從杯子裡來的。我知道盤子上的肥皂水會防止空氣從杯子裡跑出來，用泡泡包住空氣。但是空氣為什麼要跑出杯外？又沒有實體物質強迫空氣出去。空氣一定膨脹了。它因為溫度增加或是壓力減少而膨脹，或兩者都是。從熱肥皂水中拿出杯子後，空氣可能增溫嗎？很顯然地，增溫的不是已經和水混在一起的空氣。假設變熱的空氣是原因，那麼從肥皂水中拿出杯子，並把杯子移到盤子上時，冷空氣肯定進入了杯中。我再多拿了幾個杯子出來，以測試此假設是否為真。我搖了搖其中的幾個杯子，以確保冷空氣進入杯子裡，然後又拿出另外幾個杯子，將杯口朝下並蓋住，以防止冷空氣進入。在前一批的杯子中，每一個杯子外面都出現了泡泡，但在後一批杯子中，則沒有任何一個杯子有泡泡。我的推論是對的。杯外的空氣一定因為杯子的熱度而膨脹了，因此解釋了杯外為什麼出現泡泡。

「但是泡泡為什麼之後又到杯子裡去了？因為冷縮。杯子降溫了，杯子裡面的空氣也是。張力消失了，於是泡泡出現在杯子裡。當泡泡仍在杯外時，我將一杯冰塊放在杯子上，泡泡馬上就跑進杯子裡。」

這三個案例組成一個系列

這三個精挑細選的實例，組成了一系列從較基本到較複雜的反思例子。第一個例子，描述了每個人在日常生活中會做出的思考，論據和處理這些事物的方式，都沒有超越日常經驗的限度。而在最後一個例子中，如果一個人之前沒有接受過任何科學訓練，那問題或解決方法就不太可能會發生。第二個例子則構成一個自然的轉折；它的題材在日常生活、非專業經驗範圍內；但是問題卻未和個人事務直接相關，而是因為個人活動而間接出現的，因此就需要某種理論和合理的解釋來說明。我們在之後的一章會談到，從相對實務和直接思考中發展出的抽象思考；而在此章，我們只關心在所有思考類型中，都找得到的普遍元素。

反思的五個獨特步驟

經過檢視後，每個例子大致都顯示了五個邏輯上獨特的步驟：一、碰到困難。二、辨識和定義困難。三、聯想到可能的解決方法。四、經由推論而發展聯想的意義。五、更進一步的觀察和實驗，以接受或駁斥聯想，也就是做出相信或不相信聯想的結論。

① 困難出現

第一和第二步驟常常融合為一個步驟。困難可能已經足夠明確，所以心智能立即推測解決困難的可能方法，或者，心智先因為不清楚的定義而不安和震驚，之後才開始明確地嘗試找尋問題。不管這兩個步驟是分開，還是合在一起，都有一個我們在反思根基中強調的因素，**那就是**困惑或問題。

a 缺乏適合達成目的的方法

在上述三個例子中的第一個例子，困難是目前的狀況和欲達成結果之間的衝突、目的和達成目的的方法之間的衝突。想在特定時間赴約，以及到達赴約地點所需的時間，並不一致。思考的目標是讓兩者協調一致。現有的環境並無法改變；時間不會倒退，十六街和一百二十四街之間的距離也不會縮短。問題在於**發掘一個可以協調長遠目標和已知方法的居中條件**。

b 辨認出客體的特徵

在第二個例子中，所面臨的困難是，認為杆子是**旗杆**，但是，此聯想到以及（暫時）接受的信念，和其他事實並不相符。假設我們用英文字母 **a**、**b**、**c**，代表會令人聯想到**旗杆**的各種特性，其他和這些相反的特性，則用 **p**、**q**、**r** 表示。當然，這些特性本身並沒有任何不一致；但是它們讓心智做出相異且不協調的結論，因此互相衝突，於是產生了問題。這裡的目標是找出某個客體（**object，O**），讓**a**、**b**、**c**和**p**、**q**、**r**都是它適宜的特性，但就和第一個例子一樣，我們是要發掘一個行動程序，可以將現有條件和長遠結果，結合為一個整體。解決問題的方式也是一樣的：發掘居中的特性（駕駛艙的位置、杆子的位置、需要指標以指出渡輪行駛的方向），這些特性以**d**、**g**、**l**、**o**代表，它們將本來互不相容的特性連結在一起。

c 解釋一個預期外的事件

在第三個例子裡，一名了解自然定律或一致性的觀察者，發現泡泡的反應有些奇怪或不尋常。他面對的問題是，如何將明顯的異常變成確立定律的實例。在這個例子中的解決方法，也是尋找居中的條件，藉由一般的聯結，將看似不尋常的泡泡活動與應有的運作條件相連。

② 困難的定義

之前已經提過，前兩個步驟，也就是感受到不一致或困難，還有為了定義困難的特徵而做的觀察，在某些情況中，可能會相疊在一起。但是，在十分新奇或特別困惑的情況中，困難一開始很可能讓人感到震驚，如同情緒的波動、像是隱約感覺到不可預測、古怪、奇異、奇怪或令人不安的事物。在這樣的情況下，深思熟慮的觀察就是必要的，才能夠揭露困境為何，或是讓問題的特徵清楚明瞭。主要而言，這個步驟是否存在，區分了適當的反思（或謹慎批判的推論）和不受管束思考之間的不同。如果在確定困難上的努力不足，建議解決這個困難的方法，肯定多少是隨意的。試想，一位醫生被請來為病人開藥。病人告訴醫生自己的某些症狀；醫生經驗豐富，一眼就看出某種疾病的其他徵兆。但是如果醫生太快接受此特定疾病的想法，並認為是可以接受的結論，就會打斷他的科學思考。身為技術純熟的醫生，他很大一部分的技能，就是要避免接受第一個浮現的聯想；甚至要延遲任何十分明確聯想的出現，直到已經徹底探究過讓人苦惱的狀況，也就是問題的本質之後，才做出結論。以醫生作為例子，這樣的行為被稱為「診斷」。但是在每一種新穎和複雜的情況下，都需要相同的檢視，以預防妄下結論。批判性思考的核心要素是懸置判斷（suspended judgment）；而懸置的核心要素，則是在繼續嘗試解決問題前，探索能夠決定問題的本質。這就是將單純的推論，轉變為經過測試的推論、將聯想到的結論轉變為證明。

③聯想到的解釋或可能解決方式的出現

第三個步驟是聯想。困惑的發生，讓人想到了當下沒有意識到的事物：目前的位置；要搭地鐵還是高架纜車；眼前的杆子；杆子是旗杆、裝飾品或是無線電報的裝置；肥皂泡泡；物體熱脹冷縮的定律。①聯想是推論的核心；需要從既存的事物，推想出尚未出現的事物。因此，聯想大致上是推測、冒險的。因為推論超越了目前確實存在的事物，聯想需要跳躍，而不管採取怎樣的預防措施，都無法在事先完全證明推論的正當性。它的控制是間接的，一方面包含了養成，同時具有開創性，又小心謹慎的心智習慣；另一方面則包含了根據聯想所產生的概念，對特定事實的選擇和安排。②只要聯想到的結論還沒有被接受，只是暫時受到考慮，那就構成了想法。和想法的同義詞有**見解**（supposition）、**推測**（conjecture）、**猜測**（guess）、**假設**（hypothesis），以及（在詳盡闡述案例中的）**理論**（theory）。懸置信念，或是因為需要更多證據而延遲做出最終結論，部分都仰賴於對立推測的存在，以便找到最佳的方式或選擇可能的解釋，所以**培養各種不同聯想**，是良好思考的重要因素。

④想法的合理闡述

對任何問題發展出有關聯的想法（或更專門的術語，意涵〔implication〕）的過程被稱為**推理**（reasoning）。[2] 想法是從現有事實中，被推斷出來的，推理則從想法中開始。**想到**了高架纜車之後，又接著讓人想到了找不到車站、旅途所花費的大量時間、車站和目的地之間的距離。在第二個例子中，想法包括：旗杆應該是垂直擺放、無線裝備應該是位於渡輪較高的位置，以及不是每艘拖船都有這種杆子。當杆子是指出航行方向的想法成形時，這個想法就涵蓋了這個例子所有的細節。

詳細和淵博的觀察會影響原始的問題，推理對聯想到的解決方式，也有著相同的影響。若能更透澈地研究聯想，我們就不會馬上接受聯想最先出現的形式。第一眼看似可能的推測，常常在提出各種可能的後果之後，發現是不合適，甚至是荒謬的推測。就算想法在推理後沒有受到駁斥，推理也讓想法成為

註2 原註：這個詞有時候被延伸用來代表整個反思過程，就像我們有時候也會將**推論**（若以**測試**的意義來說，則最好留到第三個步驟）用在相同廣義的意義上。但是**推理**（reasoning 或 ratiocination）似乎被專門用來表達，上一代作家稱為發展特定想法意義的「概念」或是「辯證」過程。

⑤證實想法和形成總結信念

更適合用來解決問題的方式。舉例而言，認為杆子是標示方向的推測，只有思考過推測的各個方面之後，才能判斷此推測適用於目前案例的程度。最初看似遙不可及和瘋狂的聯想，常常因為詳盡闡述了這些聯想之後會發生的事物，而轉變成適切又有用的聯想。透過推理發展的想法，至少能夠幫助提供居中的條件，將顯然是不一致的極端，連結成協調一致的整體（參見p.120）。

最後一個、並且也是總結的步驟，是某種對推測想法的**實驗證實**（experimental corroboration），或是確認。推理顯示，**如果**一個想法被採用，特定的後果就會出現。目前為止，結論是假設性或有條件的。如果我們尋找並真的找到了，所有理論需要的條件，如果我們發現其他對立想法，所需要的特性並不存在，那麼相信和接受的意向幾乎勢不可擋。有時候，直接的觀察提供了證實，比如渡輪杆子的例子。在其他例子中，比如泡泡的例子，實驗是必須的；也就是說，**我們刻意安排環境，使其與想法或假設所需要的特性一致，以便測試想法在理論上，所提出的結果是否真的發生**。如果發現實驗結果和理論或是合理演繹的結果相符，如果也有理由相信**只有**在這樣的環境下，才會得出這樣的結果，依據這個確認可強而有力地得到結論，而這個結論至少在對立事

思考發生在最初和最終的觀察之間

受過訓練的心智能夠判斷每一個適合特定狀況步驟，所需達到的程度

實顯示它需要適當地加以修改之前，都是有效的。

觀察在過程的開始和結束時都會發生：一開始，需要觀察以更明確和精準地決定應對的困難本質；結束時，需要觀察測試一些假設性結論的價值。在這兩個觀察點之間，我們發現完整思考過程更特別的**心智**層面：一、推論，也就是解釋或解決方式的聯想；以及二、推理，也就是聯想的關聯和意涵的發展。推理需要某些實驗觀察去證實，而只有根據因推理而暫時形成的想法，才能經濟實惠且極有成效地進行實驗。

受到規範或是接受過邏輯訓練的心智，也就是教育過程的目標，是能夠判斷在任何特定狀況中，上述步驟應該進行到何種程度的心智。這是沒有任何鐵則的。每一個案例都不盡相同，無法一概而論，需要依據案例的重要性和發生的環境一一應對。在一個案例中花費太多力氣，和在另一個案例中花費太少力氣，都同樣愚笨和不合邏輯。在一個極端，幾乎所有能確保立即和一致行為的結論，都比任何冗長延遲的結論好；而在另一個極端，可能必須延遲很長一段時間才能做出決定，甚或是一生的時間。受過訓練的心智，最能夠領會在任何特殊案例中，需要多少的觀察、想法建構、推理和實驗測試，並且能從過去的

錯誤中學習最多，以增益未來的思考。重要的是，心智應該謹慎地看待問題，並熟稔處理和解決問題的方法。

第七章 系統推論：歸納和演繹

在事實和意義之間來回

1 反思的雙重活動

我們根據思考的結果組織所見的事實和條件，這些事實和條件本身是獨立、片段和不一致的，並透過聯想或居中條件有效的組織連結。事實如同它們本身所代表的是資料，也就是反思的原始材料；它們的不一致讓人困惑，並且刺激反思。尾隨而至的則是對某種意義的聯想，**假如**能夠證實，聯想就會臻於完整，而各種不同的片段和看似不相容的論據，就會在聯想中找到適當的位子。聯想到的意義，提供了一種心智平台，那是一個智力的觀點，我們能夠從這個觀點更小心謹慎地注意和定義論據、尋找更多的觀察，以及以實驗研究被改變的條件。

歸納和演繹

因此，在每個反思中都有雙重活動：從特定的部分和混亂的資料，聯想到全面的（或廣泛的）完整情況；再從這個聯想到的整體（所聯想到的是一種**意義**、一個想法），回歸至特定的事實，以便能夠將事實相互連結，並和其他聯想到的額外事實相連。大致而言，第一個活動是歸納；第二個是演繹。完整的思考行為包含兩者，也就是所觀察到（或想起）的特定考量，以及涵蓋一切和深遠廣泛的（通則〔general〕）意義，兩者之間有效的相互影響。

倉促和慎重

但是，這樣的雙重活動，由事實產生意義，再由意義回到事實的動作，可能會隨意、盲目地發生，也可能以謹慎、受控管的方式發生。無論如何，思考代表填補經驗的空缺、聯繫原本各自獨立的事實和行為。但是我們可能會倉促地從一個考量跳至另一個考量，因為厭惡心智的不安，而忽視了空缺；或者，我們可能會堅持使用過去的經驗做出連結。簡而言之，我們可能準備好接受任何看似為真的聯想；或者，我們可能會找出更多事實、新的困難，以檢視聯想到的結論，是否真的可以解決問題。後者需要明確地組成相連結的聯繫；也就是陳述原則，或者，以邏輯用語來說，就是使用普遍概念。如果我們因此整合

關係的連續性是第二種方法的特點

了所有的情況，原始資料就會轉變為推論的前提；最終的信念就是有邏輯的或是**理性**的結論，而不只是「**事實上**」的結果。

連結獨立項目，而讓其成為連貫協調的單一整體，是很重要的，所有代表前提和結論之間關係的詞彙，都體現了這樣的重要性。

①我們稱前提為理由（ground）、基礎（foundation）、根據（bases），認為前提是構成結論的基礎（underlie），或是確認（uphold）或支持（support）結論。

②我們從前提「向下發展」（descend）做出結論，從結論「往上回溯」（ascend）至前提，或是由結論「回升」（mount）到前提，就像河流源源不絕地來自海洋，也持續注入海洋。所以結論源自、來自前提，或是從前提所生。

③結論，如同這個詞本身所示，將各種在前提所論述的因素：合（close）、關（shut in）、鎖（lock up）在一起。我們說前提「包含」結論，結論「包含」前提，這就是我們理解的涵蓋一切和全面性整體。在這樣的見解中，推論的元素是被緊密聯繫在一起的。[1]總之，**系統推論是在原先雜亂無章**

和支離破碎的考量之間，藉著發現和添加新的事實和性質，辨識確切的相互依存性。

科學的歸納和演繹

但是，這樣更具系統性的思考，也和反思的原形一樣，有兩個方向，思考往前做出聯想和假設，以及**回歸到**事實。不同的地方是，反思過程中的每一步，都受到意識的關注。**聯想能夠湧現和發展的環境是受控管的**。不會再倉促地接受任何看似可信，或看似能夠解決困難的想法，而是需要經過更多的探索後，才能夠接受那些想法。想法被接納為**初步假設**，是某種引導調查和揭發新事實的事物，並非最終的結論。我們花費精力讓活動的每一層面，都極盡可能地準確，這樣建構想法的活動，被稱為歸納發現（inductive discovery，簡稱歸納〔induction〕），而發展、應用和測試想法的活動，則是演繹證明（deductive proof，簡稱演繹〔deduction〕）。

細節和總體

當歸納是從片段的細節（details，或細項〔particulars〕）對狀況建構出連結的觀點（通則）。演繹則從通則開始，而回溯至細節，將細節連接並整合在一起。歸納的活動，是為了**發現**一個連結的原則；而演繹則是為了**測試**，是能夠根據原則，將孤立的細節，詮釋為統一的經驗，並根據這能力確認、駁斥、修改演繹的活動。只要我們在進行任何一個過程時，都能考慮到另一個，就能發掘出令人信服的事物，或是獲得經過證實的批判性思考。

日常生活經驗的實例

一個常見的實例或許更能夠強調這個定則的要點。一名男子離開房間的時候，房間乾淨整齊；他回到房間時，卻困惑不已，東西散落一地。理所當然地，他想到可能是小偷弄亂了房間。他並沒有看到小偷；小偷的存在，並非是觀察到的事實，而是一個思緒、想法。另外，他也沒有想到任何特定的小偷；而是想到了發生的事件和小偷之間的**關聯**、小偷的涵義，是某種概略的事物。男子看到了房間的狀態，這個狀態是具體明確的，也就是房間所呈現的樣貌；小偷是推論出來的，是一種概略的狀態。房間的狀態是**事實**，確定且不言自喻；小偷的存在，是一個可能可以解釋事實的**涵義**。

論歸納

到目前為止，男子使用的都是歸納法，所根據的，是具體和存在的事實。使用相同的歸納法，他也想到自己的小孩很調皮，他們可能亂丟東西。這對立

註1　原註：參見瓦伊拉蒂（Vailati），《哲學、心理學和科學方法學刊》（*Journal of Philosophy Psychology And Scientific Methods*）第五冊第十二期。

的假設（或是解釋的條件性原則）讓他沒有武斷地接受第一個聯想，而暫時先不判斷，並延遲做出確切的結論。

論演繹

接著，演繹的活動開始。根據聯想的發展，而開始進一步的觀察、回想、推理：**如果**真有小偷，某些事情就會發生；貴重物品會不見。男子從概略的原則，或是從與通則特點的相關性，進展到了細節，但不是又回到原本的細節（那演繹就沒有成效，或只是讓男子無限循環），而是發現新的細節。發現或沒有發現新細節，這樣的事實會用來測試原則。男子打開裝滿貴重物品的盒子；有些東西不見了；有些卻還在。也許是他自己把那些不見的東西放到其他地方，只是他忘記了。他的實驗並不是決定性的測試。他想到了櫥櫃裡的銀製餐具，小孩不可能拿，他也不會隨便移位。他看了看櫃子，所有的餐具都不見了。確認了家裡遭小偷的想法；他檢查了門窗，發現它們都被人破壞了。信念累積；原本孤立的事實，被交織成連貫的架構。最初以歸納方式聯想到的想法，被用來推論還未經歷過的、更多假設的特定細節，如果聯想是正確的，這些細節**應該**存在。透過新的觀察，發現理論上所需細節的確存在，而經由這個過程，又鞏固加強並證實了假設。在觀察到的事實和條件性的事實之間，不斷

科學是小心謹慎執行的相同運作

來回移動，直到連貫的經驗取代了細節相互衝突的經驗，不然這整個過程就沒有任何意義，應該放棄。

科學也闡述了相似的態度和行動，但是更加深入地闡釋謹慎、精確和詳盡的方法。如此更深入的闡釋帶來專業，精準地劃分各式各樣不同類型的問題，以及相對應的區分和歸類，與每一類問題相關的經驗素材。我們將用本章剩下的部分，來談論能夠以科學方式發現、發展和測試意義的方法。

2 歸納活動的指引

指引是間接的

控制聯想的構成必定是**間接**，而不是直接的；是不完美，而不是完美的。因為所有需要思考新事物的發現、理解，都是從已知、現存的事物，到未知和尚未出現的事物，並且無法提出任何能夠保證推論正確的準則。就像一個人在一個特定狀況下，所聯想到的事物，取決於他的本質（他的創造力、他的才能）、性格、普遍的興趣傾向、早期的環境、過去的概略經驗、特殊訓練、最近在心頭揮之不去或在腦海中清晰可見的事物，等等之類的；在某種程度上，甚至是根據當下環境而意外的組合。只要這些事物來自過去或外部的環境，它們顯然就不受控管。聯想要不是出現，或者就是不出現；這個或那個聯想恰巧出現、發生、湧現。但是，如果先前的經驗和訓練，培育了個人保持耐心和懷疑的態度、延緩斷定的能力，以及對探索的喜好，那麼**間接**控制聯想的過程，就是可能的。一個人可能會再度考量、修改、重述、擴充和分析，**聯想湧現時所根據的事實**。歸納法在專業意義上，**和控管觀察、記憶和接受他人證言的條件（提供原始論據的活動）都有關**。

間接控管的方法

假設一邊是事實**A**、**B**、**C**、**D**，另一邊是特定的個人習慣，聯想會自動發生。但是如果小心檢視事實**A**、**B**、**C**、**D**之後，它們變成了事實**A'**、**B"**、**R**、**S**，聯想就會自動改變，而產生和原先不一樣的聯想。盤點事實、確切並持續地描述它們各自的特性、人為地放大模糊和微弱的部分、人為地縮減顯著和耀眼得使人分心的部分，這些方法更改了聯想力所根據的事實，因此間接地指引著聯想推論的形成。

以診斷說明

舉例而言，試想一位醫生如何做出診斷，他根據的是歸納解釋。如果他受過科學訓練，便會暫緩並延遲做出結論，所以他不會因為表象，而草率地做出判斷。某些明顯的症狀可能有力地指出病人患的是傷寒，但是醫生先不做出結論，甚至不強烈偏好任何一個結論，直到他已經竭盡所能地①**擴展**了資料的範圍，以及②讓資料更**精細**。他不僅詢問病人的感覺，以及生病前的舉止表現，也以各種方式運用雙手（或是任何用來做出此類用途的工具）找出了很多病人不知道的事實。精確地記下病人的體溫、呼吸和心跳狀態，並也準確地記錄它們偶爾的變動。在進行**更大**範圍的檢測，以及**深入**細微檢查細節之前，推論被延遲了。

總結：科學歸納的定義

總之，科學的歸納代表著，**為了促進解釋性概念和理論的形成，而控管觀察和累積資料的所有過程**。這些都是用來選擇精確事實的方法，賦予事實份量和重要性，以形成聯想或想法。具體來說，這樣的選擇需要以下的方法：①分析排除可能誤導人或不相關的事實。②蒐集和比較案例，以強調重要的事實。③以實驗操弄慎重地建構資料。

排除不相關的意義

①一個人必須學會分辨觀察到的事實，以及根據觀察到事實所做出的判斷，這是很常聽到的說法。如果完全按照字面意義，我們無法採納這樣的建議；每一樣觀察到的事物（如果此事物有任何意義的話），都有根據明顯且實

際存在事物，所組成的意義，假若完全排除此意義，那麼所剩的便毫無意義可言。A說：「我看到我的兄弟。」**兄弟**一詞就包含了：不能被明顯或是實際觀察到的關係；是推論的狀態。如果A只是說：「我看到一個人。」所涉及的分類，或是智力推論，就比較不複雜，卻仍然存在。如果作為最後的嘗試，A說：「我看到一個有顏色的物體。」其關係雖然更初步和不明確，但複雜性依然存在。理論上，物體有可能根本不存在，只不過是不尋常的神經刺激模式。不論如何，區分觀察到的事物和推論的事物，是合理實用的建議。建議的主旨是，我們應該排除或是不考慮，**那些**最會產生錯誤推論的經驗。這當然是相對的。在一般狀況下，並不會對「我看見我的兄弟」這樣的觀察產生合理懷疑，如果要將這樣的認知解析為更基礎的形式，那就是迂腐又愚笨的。在其他狀況下，詢問A是否真的看到一個有顏色的**東西**，或是顏色是否來自對視覺感官裝置的刺激（就像頭被打到後，「眼冒金星」一樣），抑或因為循環失調，可能就是十分真實的問題。一般而言，一個科學的人知道自己很可能會被催促著下結論，而這樣的輕率有一部分是因為某些習慣，讓他傾向對所面臨的情況產生特定「解讀」，所以他必須小心注意，因為本身興趣、習慣和先入之見，而產生的錯誤。

因此，科學探索的技巧，就是不急於「解讀」意義的各種過程；是為了提出完全「客觀」、中立的論據以供解讀的方法。臉紅通常代表體溫升高；蒼白通常代表體溫降低。體溫計自動記錄確切的體溫，因此檢驗了可能會在特定案例中，導致錯誤的習慣性聯想。所有觀察的手段工具：各種計、器、鏡，它們部分的科學角色，是幫助排除因為習慣、偏見、短暫強烈的刺激或期望想法，以及當時盛行理論，而提出的意義。照相機、留聲器（phonograph）、波動曲線紀錄儀（kymograph）、輻射儀（actinograph）、地震儀（seismograph）、體積描計器（plethysmograph）等等，提供永久的紀錄。所以不同的人可以運用這些紀錄，同一個人在不同心境，也就是說，不同期望和主導信念下，也能運用這些紀錄。因此，就能夠移除一大部分，純粹是個人先入為主的觀念（因為習慣、欲望、最近經驗所產生的後果）。說白話一點，我們是**客觀**，而不是**主觀**地決定事實。這樣一來，便抑制了倉促做出解釋的意向。

②控制的另一個重要方法則是，增加案例或實例。如果我質疑從一整車的穀粒中，拿取的特定數量穀粒，是否能夠提供公正或具代表性的樣本，並用

來判斷價值；那麼我可以從車上不同的地方，各自拿取一些穀粒來比較。如果它們的品質都相同，那一切都好；如果品質不一致，就嘗試獲取足夠的樣本，當它們完全混合時，其結果便能作為評價的公平基準。這個例子大致說明了，科學控制層面在歸納法中的價值：堅持多加觀察，而不是根據一個或幾個案例就做出結論。

這個方法並非歸納的全部

歸納的這一個層面如此顯著，因而確實常常被認為，這就是歸納的全部。因此假定歸納推論都是基於蒐集，和比較數個相似的案例。但事實上，在一些單一的案例中，蒐集和比較是獲得正確結論過程中的次要發展。如果一個人能從單一的穀粒樣本，來推論整車麥子的等級，這就是歸納；而且在某些情況下，也是**合理**的歸納；不過是為了讓歸納更加審慎，並更有可能是正確的，所以才使用其他案例。同樣地，在房子遭小偷的實例中（p.133），雖然只檢視了單一的案例，男子推理家裡遭小偷的過程，也是歸納。遭小偷的概略意義（或關係）所根據的細節，不過就是檢驗這個單一案例中，所有各種不同的事物和性質。假若此案例十分晦澀難解，**那麼**可能就需要檢視數個相似的案例。但是這樣的比較，並不會使得歸納的過程迴異於先前的特性；它只會讓歸納更謹慎和適當。**考量多種案例的目的，是能夠有助挑選證據或是重要特性，作為某單一案例推論的依據**。

對比和相似一樣重要

於是，在檢視的案例中，**相異**的論點，就和**相似**的論點一樣重要。沒有**對比的比較**，就不會產生任何有邏輯的事物。如果其他觀察到，或是想起的案例，只是所討論案例的複製品，那就推論的目的而言，這並沒有比使用單一原始事實，而得的結論更加明智。在取得不同穀粒樣本的案例中，樣本是相異的，至少就樣本所來自的車上那一處而言，品質是相異的，這是很重要的事實。如果沒有品質的相異之處，那麼穀粒相似的品質，就對推論沒有幫助。[2] 假設想讓孩子考慮數個實例，以控管他對種子發芽的結論，假若所有案例的條件都和彼此相近，那就不會有什麼收穫。但是如果將種子分別種在純沙中、土壤裡和吸墨紙上，再將三種種子放在兩組不同的環境下，一組澆水、一組不澆水，相異的因素就會彰顯出，用來做出結論的重要（或「必要」）因素。總

註2 原註：在邏輯專論中使用的詞彙，所謂的「一致法」（method of agreement，比較）和「差異法」（method of difference，對比）一定要同時存在，或是組成「併用法」（The Joint Method）。

之，除非觀察者小心留意，讓觀察案例中的不同之處，在條件允許內天壤地別、除非他像注意相似處一樣，小心謹慎地注意相異處，不然他就無法決定眼前的資料是否能夠做為證據。

例外和相反案例的重要性

另外一個指出差異重要性的方式，是科學家所強調的**反面**案例，那些看似應該會符合，實際上卻不相符的實例。異常、例外是十分重要的，也就是那些大多方面符合，可是在一些重要論點上，卻不相符的事物，因此很多科學技術的方法，都只設計用來偵測、記錄和指導對比的案例。達爾文說過，忽視與通則對立的案例是十分容易的。所以他必須要養成習慣，不僅僅是搜尋更多相反的實例，也要寫下任何他注意到或想到的例外，不然幾乎可以肯定他會忘掉。

在典型的實驗法中加入對比因素

3 不同條件下實驗

我們已經深入討論過歸納法這個因素，只要這個因素合理可行，它就是最重要的因素。理論上來說，一個**對的**樣本案例和一千個案例一樣，適合做為推論的根據；但是「對的」案例很少自然地出現。我們必須要尋找它們，我們可能需要**製造**它們。不管是一個或是多個案例，如果我們僅僅是接受案例原本的樣貌，就會發現案例包含的，多半是和手中問題不相關的事物，而相關事物卻是隱匿的。實驗的目標是，**根據事先想好的計畫，所採取的固定步驟，建構一個典型重要的案例**，這樣的案例有明確的參考依據，用來解釋面臨到的困難。所有的歸納法都取決於（在p.135已經提過）對觀察和記憶條件的控管；實驗不過是對這些條件最適當的控管。我們試著在觀察的時候，能夠辨識每一個觀察到的因素，以及觀察的運作方式和數量。而這樣的觀察就是實驗。

實驗的三個益處

比起僅僅等待一個事件發生，或是等待一個物體出現，並觀察（不管觀察的規模有多大）那些事物，前述的觀察有很多明顯的益處。這樣的實驗不會有以下因素所導致的缺點：①**稀少**（rarity）。②**細微**（subtlety）和微小（minuteness，或猛烈〔violence〕），以及③我們平常經歷的僵化與**固定**（fixity）事實。以下引用傑文斯（William Stanley Jevons）[3]於《邏輯基礎教

註3 威廉・史丹利・傑文斯，一八三五～一八八二，英國著名的經濟學家和邏輯學家。他最重要的邏輯學和科學方法論著作是一八七四年的《科學原理》、一八七一年的《政治經濟學理論》和一八八二年的《勞工問題介紹》。

程》（*Elementary Lessons in Logic*）的論述，闡述這三個論點：

①「我們可能要等上好幾年或好幾個世紀，才能意外地碰到，那些我們能隨時在實驗室裡馬上就製造出的事實；而且，如果只依靠自然自發地將這些事物呈現在我們眼前，那麼我們很可能根本不會發現，多數現在已知的化學物質，還有很多極度有用的產品。」

此段引文提及，自然狀態下，某些事實的不頻繁或稀有，甚至是十分重要的事實也是如此。文章接下來談及多數現象的微小，而讓它們在日常經驗中被遺忘：

②「毫無疑問地，電在每一種物質中運作；就算是古人也不得不注意到，電在磁石、閃電、極光或是摩擦琥珀中，所產生的作用。但是閃電的電太強烈且危險；在其他案例中，電又太微弱而無法正確理解。只有使用一般電機或是賈法尼電池（galvanic battery），才能夠規律地供給電，以及製造強而有力的電磁，電和磁力的科學才能進步。電所產生的多數（如果不是全部）影響一定會在自然中繼續，卻都太晦澀模糊而無法加以觀察。」

傑文斯接著說道，在不同條件下觀察，是了解現象的唯一方式，但在日常經驗中，現象是以固定且一致的方式呈現。

③「碳酸（carbonic acid）只以氣體的形式呈現，它來自碳的燃燒；但是當碳酸暴露於高壓和低溫時，它便凝結成為液體，甚至可能變成雪花般的固態物質。很多相似的氣體也被液化或固態化，而且也有理由相信，假如能夠充分改變溫度和壓力的條件，每種物質都能有固體、液體和氣體這三種型態。相反地，只觀察自然會讓我們假設，幾乎所有物質都只固定在一種條件上，而無法從固體變為液體、從液體變為氣體。」

如果想要詳加描述，研究人員在各種題材上開發，來分析和重述一般經驗事實的所有方法，那就必定得長篇大論。使用這些方法，我們才能夠脫離反覆無常和一成不變的聯想。而以這樣的形式和觀點（或環境），我們可以聯想到確切和廣泛的事實，而不是模糊和有限的解釋。但是這些不同的歸納探索方法，都有相同的目標：間接控管聯想的功能，或是想法的形成；基本上，歸納會透過上述三種選擇和安排題材的方法，簡化成某種組合。

演繹指引歸納的價值

「推理出答案」

4 演繹活動的指引

在直接討論這個題目之前，我們必須注意，系統性的控管歸納，取決於是否擁有通則，並能夠在案例出現，以及檢視或建構特定案例時，以演繹的方式應用這些通則。如果醫生不知道人體生理學的通則，在需要他治療的任何特定案例中，他就無法辨識什麼是特別重要，或是特別特殊的症狀。如果他知道循環、消化和呼吸的定律，就可以推斷在特定案例中，正常來說應該找得到的病狀。這些考量則提供在特定案例中，可以測量偏差和異常的基準。如此一來，就**找到且定義了所面臨的問題本質**。也就不會浪費注意力在雖然明顯、卻和案例毫不相關的特性上；將注意力集中於那些異常，而需要加以解釋的特性上。一個問得好的問題，就已經提供了一半的答案；也就是說，困難若能清楚明白地理解，困難本身很可能就會提供解決的方法。而模糊且混沌的知覺問題，會導致我們四處摸索。為了讓問題成為有成效的形式，演繹系統是必要的。

但是，演繹對假設起因和發展的控制，並不因找到問題而停止。一開始出現的想法是不完全及不完整的。**演繹讓想法的意義以臻完全和完整**（參見

p.134）。醫生將眼前的大量事實分離，得出的現象顯示，比如說，病人得了傷寒。現在傷寒的概念，可以發展演繹。**如果**病人得的是傷寒的話，**只要**染上了傷寒，就一定會有特定的結果、特定的症狀特徵。醫生在心裡核對傷寒概念的各個方面，並被指示要尋找更多的現象。現象的發展提供他探索、觀察和實驗的工具。如果假設為真，他可以審慎地檢視這個案例，是否擁有該有的特性。演繹結果，成為觀察結果的比較基準。如果沒有根據理論推理，而闡述的原則系統，測試（或證明）假設的過程，便是不完整和亂無章法的。

這樣的推理意味系統化的知識

這些考量都顯示了指引演繹活動的方法。演繹需要一個想法相互連結的系統，並能夠以規律或分級的步驟，互相轉換這些想法。要問的是，我們所面對的事實，是否可以認定是傷寒。就表面看來，事實和傷寒之間還有著巨大的空白。但是如果我們能夠使用某種替代方法，審視一系列的居中條件（參見p.126），最後，我們可能很容易就能填補空白。傷寒可能代表p，而p又代表o、o代表n、n代表m，m則和選來解決問題的資料十分相似。

或是定義和分類

科學主要的目標之一，是為每一個主題的代表性分支，提供一套十分緊密相繫的意義和原則。所以根據明確的條件，任何一種意義或原則，意味另一種意義或原則。而這些意義或原則，在另一種特定條件下，又意味不同種的意義或原則。這樣一來，各種相等事物的代換，就成為可能，所以推理不需要依賴特定的觀察，就能夠聯想到十分遙遠的結果。定義、一般慣例和分類，是確定和解釋意義，以得到詳盡結果的方法；它們並非像常被認為的（這是初等教育常做的事）是學習目的，而是促進概念發展的工具，使用時最好能測試概念對特定事實的適用性。[4]

演繹的最終測試在於實驗的觀察。以推理方式解釋聯想到的想法，可能會讓想法十分豐富和可信，但不會讓它變成正確。只有在可以觀察事實（使用蒐集或是實驗的方法），而且事實和推斷結果完全一致，沒有任何例外時，我們才能有正當理由，去接受演繹提供的合理結論。簡言之，如果思考是完整的思考，那思考就必須由具體的觀察開始和結束，而所有演繹過程的終極教育價值，是以此過程成為，創造和發展新經驗的思考工具的程度來衡量。

5 討論的某些教育意義

錯誤邏輯理論的教育意義

我們可能會因為考量前述某些論點的教育影響，而對前述邏輯分析的一些論點緊抓不放，特別是對根據錯誤分類而生的實務應用。在錯誤的分類下，每一類科都被視為獨立且完整的學科。

「事實」的獨立

①在某些學科，或是在某些科目或課堂中，學生埋頭在細節中；他們的心智裝滿不相連的事物（不管是以觀察和記憶所辛苦蒐集的，或是因傳聞和權威而接受的）。歸納被視為累積大量的事實和獨立片段資訊的開始和結束，卻忽略了這些資訊，只有在能夠對更大的狀態提供觀點時，才具有教育意義。而在這樣的狀態下，細節包含在其中，並因而獲得了解釋。在初等教育的實物教學，以及高等教育的實驗室教學中，教導科目的方式讓學生「見樹不見林」。事物及其特質被詳盡細緻的分析，卻沒有考慮到這些事物，所代表的更普遍特性。或者，在實驗室中，學生全神貫注於操作的過程，卻不在乎如此做的理由；學生執行合適的解決方式，但沒有辨識解決方法所代表的問題。只有演繹強調連貫的關係，而只有在了解**關係**時，學習才不會只是一堆五花八門的片

註 4　原註：這些過程將在第九章詳加討論。

段。

②再者，我們常允許心智急著走向一個模糊的整體概念，片段的事實仍然只是整體的部分，卻不嘗試了解這些事實是**如何**關聯，組成整體。就像我們說的，學生「以概略的方式」看待事物歷史或是地理，是如此這般的相關；但是這裡的「以概略的方式」只代表「以模糊的方式」，這種或那種方式，但是不清楚到底是哪一種。

學生被鼓勵根據特定的事實建構概略的概念，也就是事實如何相關的觀念，卻沒有人設法讓學生繼續這樣的概念、去闡述這樣的概念，以及根據案例或是相似案例，審視概念的各個層面。學生進行歸納推論、猜測；如果它剛好是正確的，老師馬上就會接受；如果它是錯誤的，老師就會加以駁斥。如果對此想法有任何詳盡的闡述，那很可能是由老師完成的，老師便承接培育智力發展的責任。但是，聯想（猜測）的個人也需要負責根據手中的問題，推理聯想的各個層面，這才是完整、完全的思考行為；他也需要發展聯想，並至少能夠指出聯想對案例特定資料的適用性，以及聯想解釋案例特定資料的方式。十分常見的是，如果背誦並非單純地測試學生，展現某種專門技能形式的能力，或

於開始時採用演繹，來獨立演繹

是測試學生複誦教科書，或權威所接受的事實和原則，老師就到了另一個極端；在要求學生自發地反思、提出他們對問題的猜測或想法後，老師不過是接受或拒絕其猜測或想法，並認為自己應該負責闡述這些猜測或想法。這樣一來，老師雖然激發了學生聯想和解釋的功能，但是並未引導或是訓練學生。雖然激發了歸納的活動，但學生並未執行歸納所需的推理階段。

在其他科目和主題中，演繹階段被獨立出來，將演繹本身視為完整的思考過程。這樣錯誤的作法，可能會出現在採取智力思考過程的開始或結束階段，或兩階段都出現。

③常見的第一種錯誤形式，是思考一開始就使用定義、規則、通則、分類等等。這個方法已經是所有教育改革者一致攻擊的目標，所以不需要再詳細論述，只要知道就邏輯上來說，錯誤發生是因為沒有先熟悉那些需要加以合理概括的特定事實，便嘗試帶進演繹考量。可惜的是，改革者有時候反對得太過頭，或是反對錯了地方。他激烈地抨擊**所有**的定義、系統化、對通則的使用，而不是只在它們因為對具體經驗不熟悉，而未加以適當激發時，指出其徒勞無益。

由新觀察的過程獨立演繹

④演繹的獨立也在另一個極端出現，就是將通則應用至新的具體案例時，卻無法得出或測試結果。演繹法的最後階段，就是使用演繹法同化和理解每一個案例。不管能夠多麼恰當地說明通則，甚至能夠重複這樣的原則，但如果無法徹底掌握新情況並運用通則，那麼他就不完全了解通則，新情況是指，不是用來得出通則的舊案例。教科書或老師太常滿足於一系列有點敷衍的例子和說明，而學生並沒有被逼著在自我經驗的案例中，繼續使用他所建構的原則。在這樣的程度下，原則變得死氣沉沉、毫無動力。

缺乏實驗準備

⑤每一個完整的反思探索，都是為了實驗做準備、運用所聯想到和接受的原則，積極建構具備新特質的新案例，以測試原則，這樣的論點和上述的主旨完全相同；不過就是換了一種說法。我們的學校緩慢地接納普遍進步的科學方法。從科學角度來看，只有在或多或少的形式上採用實驗方法時，有效和完整的思考才有可能。在高等院校、大學及高中裡，已經完全接納這個原則。但是在初等教育中，大部分依然認為學生觀察的自然範圍，加上他因所見所聞而接受的事物，就足以培育智力了。當然，在初等教育中引進實驗，並非因此而成為必要，更不用說應該取得闡述實驗的工具了；但是人類的整個科學史顯示，

只有在為真正改變物質條件的活動，做好準備時，心智活動才能臻於完整，而書籍、圖片，實物，只是被動地觀察卻沒有實際操作，並不會完備所需的準備。

第八章 判斷：事實的詮釋

1 判斷的三個元素

好的判斷

對特定事務具備良好判斷力的人，就是受過教育和訓練的人，不管他學到的知識是什麼。如果我們的學校能夠讓學生培養出這種心智態度，那麼以後不管他置身何種事務，這樣的態度都能幫助他做出**好**判斷，如此一來，學校就不只是讓學生僅學到大量的資訊，或是在專業領域中學會純熟的技能。要知道什麼是好的判斷，我們必須先知道判斷是什麼。

判斷和推論

很明顯的，判斷和推論之間有著緊密的連結。推論所要達成的目標，就是在合理判斷了一個情況之後，能夠結束推論；而推論的過程，則需要做出一

不確定性，是判斷的前身

系列零碎和暫時的判斷。當我們檢視推論本身的元件、條件時，這些元件和條件到底是什麼？或許能夠藉由考慮最初使用**判斷**一詞的活動，收集判斷的重要特性；也就是在法律爭議中，對事物做出的權威性決定——**法官審判**的程序。這樣的程序有下列三個特點：①爭議，也就是對相同客觀的情況，持有互相對立的主張。②定義和闡述這些主張的過程，以及詳查用來支持主張的事實的過程。③最終的決定或是判決，終結爭論的特定事件，也為日後的案例設下決定的準則或原則。

①除非存在令人懷疑的事物，否則我們馬上就能理解情況；我們一看到情況就接受了，**也就是說**，此時僅只是領會、感知、認知，並沒有判斷。如果事件完全可疑、如果它徹底隱密晦澀，那就是個摸不清的謎團，此時仍然沒有判斷發生。但是如果它讓人聯想到不同的意義、可能的對立解釋，那就產生了**關鍵的難題**、**攸關利害的問題**。懷疑變成了爭論、爭議；各方為了對自己有利的結論而爭執。法官審判案件的例子，精確地闡述了對立詮釋的衝突，但任何試圖理智地澄清可疑情況的案例，都有相同的特性。看到遠方有個模糊的形狀，我們自問：「那是什麼？」那是一團飛舞的灰塵嗎？一棵揮動樹枝的樹？一個

對著我們招手的人？在整體情況中的某項事物，讓我們聯想到每一種可能的意義。其中只有一種聯想，可能是合理的；或許這些聯想沒有任何一個合適，但是這個形狀肯定有著**某種**意義。哪一個聯想到的意義有正當的論點？這個見解究竟代表什麼？我們該如何解釋、估計、衡量、安排它？每個判斷都源自這樣的情況。

判斷的定義問題

②聽取爭議的聽證會、審判，亦即，權衡對立主張，必須考慮到兩個部分，在特定案例中，其中一部分可能比另一部分更顯著。在考慮法律爭端時，法官根據這兩個部分仔細審查證據，並且選擇適合的準則；這兩個部分是案例的「事實」和「法律」。在判斷中，它們是(a)決定特定案例中的重要資料（和歸納活動相較）；以及(b)闡述由粗略資料，所聯想到的概念或意義（和演繹活動相較）。(a)情況中的哪一部分或哪一方面，對於控管解釋的形成，是至關重要的？(b)我們用來作為解釋方法的觀念，它的完整意義和意思到底是什麼？這些問題是緊密相關的；一個問題的答案，取決於另一個問題的答案。但是，為了方便起見，我們可以一個一個分開討論它們。

(a)選擇什麼事實是證據

(a)在每一個真實事件中，有很多細節是整體事件的一部分，但是對關鍵問題來說，卻一點都不重要。經驗的所有部分都同等地存在，但作為徵兆或是證據，並不是每個部分都有著相等的價值。也沒有任何特性貼著牌子或標籤說：「這個很重要」，或是「這個不重要」。而強烈、清晰，或是顯著性，也不是指出和證明價值的可靠方法。在此特定的狀況下，明顯的事物可能是完全不重要的，而理解整體事件的關鍵，可能是微小或是隱密的事物（和p.120相較）。不重要的特點令人分心；它們看似好像是解釋事實的線索和提示，但重要特性卻絲毫沒有浮現檯面。因此，**就算在**已經察覺到的情況或事件中，也需要判斷；我們必須加以排除或駁斥、選擇、發現或揭露。在做出最終結論之前，駁斥和選擇必須是暫時，或有條件的。我們選擇的，是我們希望或者相信，可以提供意義的事物。但是，如果這些事物無法讓我們聯想到，一個可以令人接受，並且包括事物本身的情況（參見p.131），便重新建構我們的資料、案例事實；我們所說的案例事實，在智力上來說，是**那些在達致結論或做出決定時，用來作為證據的特性**。

沒有任何捷徑或是鐵則，能夠規定應該如何選擇和駁斥、或是確定事實。如同我們說的，這都取決於判斷者的良好判斷、理智的辨識。好的判斷者，能指出困惑情況的各種特性，有何參考的價值；知道哪些是無用的事物，所以可以放棄；哪些是不相關的，所以可以排除；哪些對結果是有益的，所以可以保留；哪些是找到困難的線索，所以需要更注重強調。[1]在一般事務中，我們稱這樣的力量為**本領**（knack）、**技巧**（tact）、**機敏**（cleverness）；在更重要些的事務中，我們則稱這樣的力量是**洞悉**（insight）、**識別**（discernment）。它有部分是本能或天生的；但這也是因為對過去相似活動十分熟悉，而累積的結果。在任何事件中，專家、行家、**法官**，都能把握住可以當證據的事物或重要的事物，並且放棄其他部分。

直覺的判斷

彌爾（Mill）引述了下列的案例，這個例子舉證了極端的靈敏度和準確性，能夠估計情況的重要因素的能力。

這是個值得注意的實例。「蘇格蘭威士忌的製造商，從英國高價聘用了一名染工，他因為能夠製造極佳的顏色而聲名遠播，製造商希望染工能將相同的技能傳授給其他的工匠。這位染工來了；他分配原料的方法，也就是上乘顏色的祕密所在，是用手測量原料。一般常用的方法，卻是以重量測量原料。製造商試圖請染工將他的手測系統，變成相對應的測重系統。這樣一來，就能夠確立染工特殊方法的一般原則。但是，染工發現自己做不到，因此無法將自己的技能傳授給任何人。從他自己的個別經驗中，已經在腦中建立了製造上乘顏色效果，和處理染料觸覺感知之間的連結；而經由這些感知，他在任何特定的案例中，都可以**推斷他需要使用的方法**，以及會製造出的效果。」對於條件的深謀遠慮、與強烈興趣的密切接觸、對各種相關經驗的完全吸收，都易於產生我們稱為直覺的判斷；但它們是真實的判斷，因為它們是基於明智的選擇和估計，以解決問題作為控管的標準。而這樣的能力，便區分了高手和草包。

判斷能力在依資料做出決定後，便臻於完整。但不論如何，判斷的過程也依循特定感覺指引方向；也須持續試探性地挑選特定特質，以檢視關注它們時，會帶來什麼樣的啟示；能夠暫緩做出最後的選擇；如果其他特性能夠產生更合理的聯想，也能夠完全駁斥不適合的特質，或是將它們移至證據體系中的不同位置。判斷時，敏捷、彈性、好奇心是至關重要的；獨斷、死板、偏見、反覆無常、一成不變、激情和輕率則是致命的。

註1 原註：和所談論過的**分析**相較。

(b)決定問題時，也必須選擇適當的原則

(b)選擇資料當然是為了**根據資料會被解釋的意義，而控制所聯想意義的發展和闡述**（和p.122相較）。因此，觀念的演變就和事實的決定同步進行；一個接一個可能的意義在腦中相繼產生，心智根據適用這些意義的資料，考量每個意義；意義則根據資料，而發展得更詳盡，最後，我們摒棄意義，或暫時接受以及使用意義。我們不是以全然天真，或是純粹的心智，來處理問題；而是用某種習得的理解模式來處理問題。我們已經有著大量先前形成的意義，或至少有著能推斷意義的大量經驗。如果直接使用習慣性的回應，那麼馬上就能了解事實的意義。如果需要核查習慣，且不能輕易地應用習慣，那麼就會出現事實的可能意義。無法使用任何鐵則或捷徑，以決定聯想到的意義，是否為正確且合適的意義，並且可以繼續使用下去。個人好的（或壞的）判斷力就是指引。任何特定的想法或原則，都沒有被貼上標籤，理所當然地說著：「在這個情況下用我」，不像愛麗絲夢遊仙境裡的奇幻蛋糕上面寫著：「吃我」。思考者必須要決定、選擇；最後的結果，可能取決於後續事件的確認或是阻礙。這樣的風險一直存在，所以慎重的思考者會謹慎地選擇。如果一個人無法明智地評估，什麼事物與解釋特定令人疑惑或懷疑的問題有關，努力學習而累積的大

判斷止於決策或聲明

量觀念，也沒有什麼幫助。因為學習並非智慧；資訊並不保證良好的判斷。記憶像是無菌冰箱，儲存了大量的意義，以供未來使用。但判斷是選擇並採用，在特定緊急狀況下所使用的意義。若沒有緊急狀況（某種危機，不管輕微或嚴重），就不需要判斷。即使觀念在抽象事物中小心地加以確立，最初也僅是**可能的**解釋。觀念只有在比對立觀念更能成功釐清不明情況、解開困難死結、協調不一致，才能選擇它，或證明它，在特定狀況下是合理的想法。

③做出的判斷是**決策**（decision）；決策終結（或是總結）了關鍵的問題。這個決策不但解決了特定案例，也幫助確立了以後決定相似事件的規則或方法；就像法官的判決，不但解決了爭端，也替未來的判決訂下了前例。如果後續事件並未反駁確立的解釋，那麼就可以假定，在其他特性並非明顯相異、而讓解釋不再適用的案例中，也能使用相似的解釋。這樣一來，判斷的原則就逐漸成形；特定的解釋方式十分重要、能夠產生影響力。簡言之，意義被**標準化**，成了有邏輯的概念（參見p.169）。

2 想法的起源和本質

想法是在判斷中使用的推測

接下來要談論的是**和判斷有關的想法**。[2] 某種在不明情況中的事物，令人聯想到其他事物，以作為不明事物的意義。如果馬上接受了這個意義，那就沒有反省思考、沒有真實的判斷。思考被不加批判地打斷；武斷的信念及隨之而來的風險便會發生。但是如果我們**尚未決定**聯想到的意義、需要加以檢視和探索，那便有了真正的判斷。我們停下並思考，**延遲**了下結論，以便**推論**得更加詳盡。意義只是條件式地接受、我們僅是因為需要檢視意義而接納了它，在這樣的過程中，**意義變成了想法**。**也就是說，視其解決令人困惑情況的適合度而定，想法是暫時被考慮、建構和使用的意義，是作為判斷工具的意義**。

或是解釋的工具

讓我們回想前面提到的，在遠方移動的模糊形狀的例子。我們思索那個**東西**是什麼，也就是說，我們想著**模糊的形狀是代表**什麼。一個向我們招手的人、一個跟我們打招呼的朋友，都是聯想到的可能性。若馬上接受任何一種可能性，那就阻擋了判斷。但是如果我們只將聯想到的事物，視為聯想、假設、可能性，它就變成了想法，並有著以下特性：①若僅僅作為聯想，它是推測、猜測，在一些更重要的案例中，我們稱其為假設或理論。也就是說，這是**可能但依然令人存疑的解釋模式**。②就算令人存疑，它仍有執行任務的職責，它的責任就是指引探索和檢視。如果模糊的形狀，是向我們打招呼的朋友，那小心謹慎的觀察，應該會顯示一些特定的特性。如果那是一個人騎著一頭失控的牛，那麼就會出現另一些特定的特性。讓我們看看，是否可以找得到這些特性。如果只把想法認為是懷疑，便會讓探索無從繼續。如果只認為想法是確定的事物，那就遏止了探索。只有認為想法是令人存疑的可能性，才會提供了探索的觀點、平台和方法。

假的想法

除非想法是能夠解決問題的反思檢視工具，否則它就不是真實的想法。假設老師現在要讓學生理解地球是圓形的**想法**，這和老師認為地球是圓形是**一個事實**，而依據這樣的觀點教導他是不一樣的。學生可能看到（或想到）球，老

註2 原註：**想法**（idea）一詞也普遍被使用來代表①單純幻想，②被接受的信念，以及③判斷本身。但是就**邏輯上**來說，它代表判斷中的一個特定**因素**（factor），如同文章中所解釋的。

想法提供唯一取代「隨意」的方法。

師告訴他，地球和這些東西一樣是圓的；老師可能要求他，每天重複這樣的論述，直到地球和球的形狀，在他的腦中連結在一起。但是他並沒有因此習得任何關於地球是圓形的想法；他最多是在腦中有了特定球形的圖像，而且終於能夠在比較了他自己的球形圖像之後，想像地球的形狀。要將圓形理解為想法，學生必須在觀察到的事實中，發現某種困惑或是令人疑惑的特性，並且聯想到球的形狀是一個可能解釋這種現象的方式。只有在解釋論據，以提供論據更充足的意義後，圓形才會成為一個真實的想法。也許有著栩栩如生的圖像，卻沒有想法；或是有短暫、不清的圖像，但圖像卻發揮了激發和引導事實的觀察和關聯，於是產生了想法。

有邏輯的想法，就像是打造來開鎖的鑰匙一樣。用玻璃將狗魚和牠們通常捕食的魚分開，據說狗魚會用頭去撞玻璃，一直撞到牠們終於知道自己是吃不到魚的。動物會從「一連串的失敗」中學習（如果牠們真的會學習的話），隨機地先做一件事，再做下一件事，然後保留那些湊巧成功的事。由想法（因為需要實驗，而接受的聯想到的意義）有意識地指引的行動，是唯一能夠取代冥頑不靈的愚蠢，和從那位親愛老師（機會經驗）身上所學到的知識。

它們是間接應對的方法

重要的是，很多關於智慧的字彙，都讓人聯想到迂迴、閃避的活動，甚至常常暗示著某種道德的不正直。直率、熱情的人直接（言外之意是愚笨）切入重點。聰明的人機靈、明智（精明）、老謀深算、足智多謀、深謀遠慮、八面玲瓏、計謀多端，這就包含了間接的想法。[3]想法是閃避、逃避或是解決反思困境的方法，否則這些困境，就需要強大力量去應對。但在慣性使用想法時，可能會失去它們的智力特質。當一個孩子還有些猶豫不定，剛開始學習分辨貓、狗、房子、彈珠、樹、鞋子和其他物體時，想法（有意識及暫時的意義）是辨別事物的方法。通常，事物和意義完全交融，所以沒有任何適當的判斷和想法，只有自動的識別。而另一方面，我們直接理解並且熟悉的事物，出現在不尋常的環境中時，就成為判斷的題材：比如，當我們試圖畫時，它們是形狀、距離、尺寸和位置的概念；當三角形、正方形和圓形，並不是熟悉的玩具、工具和用具時，就是幾何學中的問題。

註3　原註：參見沃德（Ward）《文明的心理因素》（*Psychic Factor Of Civilization*），第一百五十三頁。

3 分析（Analysis）和綜合（Synthesis）

判斷讓事物清晰：分析

藉由判斷，讓人困惑的資料水落石出，而看似不連貫一致的事實，也相互連接。我們對事物可能有特殊的感覺，可能對它們有某種說不出的印象；這個東西可能**感覺**起來是圓的（也就是說，它有著我們之後定義為圓形的特質），一種行為可能看似粗魯（或是之後我們將其歸類為粗魯的行為），但是在情況的總價值中，這項特質可能會消失、被吸收、混合。只有在需要使用原始情況中的特定觀點，以了解另一個情況中令人困惑或晦澀不清的事物時，我們才會將特質從情況中萃取或分離出來，讓特質成為個體。只有因為我們需要描述某個新物體的形狀，或是某種新行為的道德特質時，在過去經驗中的圓形，或是粗魯的元素，才會突顯自我，而成為一個特點。如果選擇的元素，使得在新經驗中晦澀不清的事物清晰明瞭、如果它解決了不確定的事物，它本身的意義就會確實且明確。我們在下一章將會再次討論此觀點；在這裡將只論及與分析和綜合問題相關的部分。

心智分析不像物理學門

就算是已經明確地陳述，心智分析和物理分析，是不同的運作。心智分

在教育中對分析的錯誤理解

析，仍然常被類比為物理分析；好像心智分析是在心裡（而不是太空中），將一個整體分解成組成的部分。因為沒有人能夠知道在心智中，將一個整體分解成各個組成的部分，到底是什麼意思。這樣的概念就更進一步地讓人認為，邏輯分析不過就是列舉出，所有能想到的特質和關係。這個概念對教育的影響深遠。[4]在課程中的所有科目，都經歷過、或是仍然在經歷，可被稱之為解剖學法（anatomical method）和形態學法（morphological method）的階段：在此階段中，認為理解學科就是了解特質、形式、關係等等的大量特徵，並且知道每一個顯著元素的名稱。在正常發展中，只有在特殊的特質，能夠幫助解釋當前的困難時，我們才會強調這些性質，並將它們獨立於其他性質之外。只有在需要使用這些特殊性質，來判斷某個特殊情況時，才有動機加以分析，或是真正開始分析，也就是強調某些元素或關係是特別重要的。

不成熟規畫的影響

基礎教學過分蓄意的規劃程序方法（參見p.107），也同樣有著錯誤的順

註4　原註：因此出現了那些在地理、閱讀、寫作、畫畫、植物學、算術的錯誤分析方法，我們已經在另一種關聯上討論過了。（參見p.106。）

方法在成形之前就存在了

序，此程序將成果放在過程之前。我們不可能用發現**後**才出現的方法，來辨別在發現、反思探索中所使用的方法。在推論真實的運作下，心智抱持的，是**尋求**、**搜尋**、**推測**、**東試西試**的態度；等我們達成了結論，探索就結束了。希臘人以前討論過：「學習（或探索）如何成為可能？因為我們要是已經知道，我們在尋求的東西，那就不用學習或探索；要是不知道，那就無法探索，因為我們不知道要找什麼。」這樣的兩難至少具有啟發性，因為它顯示了真正的替代方法：在探索過程中，使用懷疑、暫時聯想、實驗。在我們做出結論之後，重新考慮過程中的步驟，檢視什麼是有幫助的、什麼是有害的、什麼就只是毫無用處，這樣的重新考慮，會讓我們在未來能更迅速、有效地應對類似的問題。如此一來，大致清楚明確的方法就逐漸成形了。（和在p.109心理學和邏輯上的討論相較。）

但是，普遍的假設認為，除非學生從一開始，便有**意識地識別和清楚地說出**，為了達成結果，而使用的邏輯方法，否則他就**沒有**方法，他的心智便是困惑和混亂的；但如果他有意識地陳述某種形式的程序（大綱、主題分析、列舉標題和副標題、統一的公式），以支持他的表現，那就保衛並鞏固了他的心智。事實上，必須先開始**不自覺的邏輯態度和習慣**。只有先以不自覺和暫時的方法做出結論後，才有可能自覺地提出，為達成結論，而採用的合乎邏輯的方法。只有審視了在特定案例中成功的方法，而能夠為新的、相似的案例帶來見解時，方法才有價值。過早堅持明確地闡述經驗中，最符合邏輯的特性，就會無法集中注意力，以挑選（提取、分析）出這些特性。重複使用賦予了**方法**明確性；而因為這樣的明確性，對方法明確的闡述應該自然地隨之而至。但是因為老師發現，他們自己最了解的事物，已經清楚明白地加以劃分和定義，我們的學校便誤以為孩子應該由已經清晰具體的方法開始學習。

判斷揭露事實的各個層面或重要性：綜合

分析，是精挑細選每一個部分。綜合，則是將所有部分結合在一起。因此，想像一下，這也像是一個謎團。事實上，在我們理解結論事實，或事實原則的各個方面時，綜合判斷就會發生。分析是**強調**（emphasis），而綜合是**安置**（placing）；強調讓我們注重的事實和特性，因為重要而突出顯著；而安置則為我們選擇的部分提供**脈絡背景**，或是提供和其象徵事物的關係。只要判斷是需要洞悉、辨別、區分瑣碎和重要的事物、排除，與可能得出結論不相關的事物，每一個判斷都是分析的；只要判斷是，提供所選取事實的全面情況給心智，那麼就都是綜合的判斷。

因此，自豪於只專注於分析，或只專注於綜合的教育方法（假若它們能實現自己的吹噓），和正常的判斷運作互相矛盾。比方說，目前已經有很多關於地理教學，應該是分析還是綜合的討論。綜合教學法（synthetic method）應該從限定於學生已經熟悉的地表部分開始，再慢慢加入鄰近的區域（縣、國家、洲等等），直到整個地球，或包含地球的太陽系觀念成形。分析教學法（analytic method）應該始於實質的整體，也就是太陽系或地球，接著細分其組成，再延伸至當前的環境。基本的觀念是，實質的整體和實質的部分。事實上，我們不能假設孩子已經熟悉的地球部分，是心智上明確的物體，孩子能夠馬上由此開始學習；他對地球的知識是迷濛且模糊的，也是不完整的。因此，心智思考的過程，就包含了分析地球，強調重要的特性，所以它們能夠清楚地突顯。再者，孩子本身的位置，並未加以明確地劃分、清楚地分界，以及測量。孩子在自己所在的區域中，已經體驗過太陽、月亮和星星，這些是他觀察景象中的一部分；當他走動時，也看到了地平線的變化。也就是說，即便是在他較有限和當地的經驗中，也有著深遠廣泛的元素，能讓他想像到自己居住街道和村落以外的景象，和更大整體的關係的連結已經存在。但是孩子對這些關係的認知，是不適當的、模糊的、不正確的。他需要利用已知的當地環境特性，以幫助解釋和擴展，他對那些屬於更廣闊地理景象的概念。同時，只有在他已經了解了更廣大的景象後，許多在他本身環境中，最普遍的特性，才會變得明白易懂。分析產生綜合；而綜合則讓分析更臻完美。當學生根據地球在太空中的位置，慢慢理解錯綜複雜的地球時，他也更清楚地看到，那些他所熟悉的當地環境帶來的意義。選出的強點和所選擇的解釋，兩者是相互作用的，這樣的影響在反思思維中是很常見的。因此，試圖將分析和綜合兩相對立，就是愚蠢的。

第九章

意義：或，觀念和理解

意義是中心的

1 意義在心智生活中的位置

在討論判斷的時候，我們已經清楚明確地指出，推論所包含的事物，所以在討論意義的時候，我們不過是重新提出反思的中心功能。一件事物**代表**（mean）、**指稱**（signify）、**預示**（betoken）、**表示**（indicate）或**指出**（point to）另一件事物，我們從一開始，就知道這是思考至關重要的特徵（參見p.48）。以事實本身呈現的方式，找出事實代表什麼，是所有探索的目標；找出什麼事實會實現、證實、支持一個特定的意義，是所有測試的目標。推論得出令人滿意的結論時，我們就達成了獲得意義的目標。判斷的行為，包含意義的發展和應用。簡言之，在本章中，我們並不會引進任何新的題材；只是更進一步地討論，我們至今已經一直假定的論點。在第一節中，我們將考慮意義和理解的相等性，以及理解的兩種類型：直接和間接。

理解就是明白意義

①意義和理解

如果有人忽然進了你的房間，並喊著：「紙」，這有著各種不同的可能解釋方式。如果你不懂中文，那聽到的便僅僅是聲音，或許會成為生理上的刺激。但是聲音並非需要使用智力理解的客體；它並沒有任何智力的價值。（和p.56相較。）你不理解它，和它沒有意義，是一樣的。如果喊叫伴隨著每天早上的送報動作一起發生，這個聲音就有意義，是需要智力理解的內容，你就會理解它。或是如果你熱切地在等待收到某個重要的文件，可能就會假設喊叫是宣布它的到來。如果（在第三個例子中）你懂中文，但是從你的習慣和預期中，卻沒有任何背景脈絡可以令你聯想到這個字，那麼這個**字**本身有意義，整個事件卻沒有。所以你便感到疑惑，受到鼓勵去想出、尋找，對此明顯無意義事件的解釋。如果你找到某件可以解釋此表現的事物，這個事件就有意義；你就會慢慢理解它。身為有智慧的人，我們假設意義的存在，並認為沒有意義是不尋常的。因此，假如結果是喊叫的那個人僅僅是想告訴你，在人行道上有紙屑，或是紙在宇宙的某處存在，你會覺得他瘋了，或他對你開了一個糟糕的玩笑。明白意義、理解、在事物是重要的情況下辨別該事物，這些都是相等的；它們代表了我們智力生命的神經。若是沒有它們，那麼我們就會面臨 (1)缺少智力內容，或是(2)智力的疑惑和困惑，抑或是(3)智力的誤用，也就是胡說八道、瘋言瘋語。

因此，所有知識、科學的目標，都是明白客體和事件的意義，而此過程通常需要不再將客體和事件，視為明顯強大的獨立事件，而視它們為**由其所聯想到**的、某種更大整體的一部分，這樣的觀點又能夠**詮釋**、**解釋**、**說明這些客體和事件**，**也就是說**，讓它們變得顯著重要。（和p.121相較。）假設我們找到了一顆紋路奇特的石頭。這些紋路代表什麼？只要這顆石頭讓人提出這樣的疑問，我們就尚未理解它；而只要所見的顏色和形狀，對我們來說代表石頭，我們就能夠理解這個客體。正是這樣理解和未理解事物，十分特殊的組合，激發了思考。如果在探索的盡頭，紋路被認為是冰河所形成的刻痕，晦澀和疑惑的特性，就被轉譯為已經理解的意義：也就是大量冰塊的移動和輾磨力量，以及石頭間的摩擦。在某種情況下，已經理解的事物被轉移和應用到、另一個奇怪且令人困惑的事物上，因此後者便會變得清楚明顯和熟悉常見，**也就是**可理解的。這個概述闡釋說明了有效思考的力量，取決於是否擁有可以在需要時能夠加以應用的意義資本。（和在p.146我們所談及的演繹相較。）

②直接和間接的理解

在前述說明中，舉出了領會意義的兩種例子。當中文被理解時，一個人馬上能明白「紙」的意義。但是，他也許沒有在整體的表現中，看見任何意義或含意。相同地，一個人認出看到的客體是石頭；這不是祕密、謎團，也不讓人困惑。但是他並不理解石頭上的紋路。紋路是有意義的，但意義是什麼呢？在第一個案例中，因為熟悉的知識，所以紙和它的意義，在某一個程度上是一體的。在第二個案例中，紋路和它的意義，至少暫時是分離的，必須尋找意義以理解紋路。在第一個案例中，理解是直接、迅速、立即的；在另一個案例中，理解是迂迴和延遲的。

多數語言都有兩組字彙，來表達這兩種理解的模式；一組是直接接受和明白意義，另一組是迂迴地了解意義。所以希臘文有γνώναι和εἰδέναι；拉丁文中有 noscere 和 scire；德文是 kennen 和 wissen；法文則是 connaitre 和 savoir；而在英文裡，acquainted with（通曉）和 to know of 或 know about（知道），則被認為是等義的字彙[1]。我們的智力生活，包含這兩種理解類型的特殊互動。所有的判斷、反思的推論、都假設某種理解的缺乏、一部分意義的不存在。我們反思，以便能夠了解發生事物完整和充足的重要性。不論如何，我們必須先理解某件事物，心智必須擁有某種已經精通的意義，否則思考就是不可能的。我們思考以明白意義，但是知識的博大精深，總讓我們察覺盲目晦澀的點，而在知識較少的時候，所有事物都看似明顯和自然。一位到新區域的科學家，會發現很多他不理解的事物，而當地的野蠻人和鄉村居民，則完全沒有意識到，任何直接顯而易見意義以外的意義。有些到了大城市的印地安人，對眼前的橋梁、纜車和電話等的機械奇觀無動於衷，但看著工人爬上電線桿修理電線，卻讓他們嘆為觀止。增加意義的存量，讓我們意識到新的問題，只有在將新的困惑，轉譯為已經熟悉和清楚的事物時，我們才能理解或解決這些問

智力發展是一種韻律

題。這是知識持續不斷的螺旋運動。

真實知識的進展有兩個部分，一**部分是在我們之前視為肯定是簡單、明顯、理所當然的事物中，發現某種不能理解的事物；一部分是使用毫無疑問、可以直接明白的意義，作為了解晦澀、疑惑和困惑意義的工具**。沒有任何客體是太過熟悉、明顯、普遍，而不能在新的情況中，毫無預期地產生某個問題，並因此引發反思以理解問題。沒有任何客體和原則，是如此奇怪、特殊，或是遙遠，以至於在其意義尚未變得熟悉（不需反思即能了解）之前，無法加以處理應對。我們**了解**、**察覺**、**識別**、**明白**、**領悟**、**掌握**原則、定律、抽象的真相，**也就是**用立即的方式了解它們的意義。如同之前已經提過的，我們的智力發展就是直接理解（嚴格上來說稱為**知悉**〔apprehension〕）和間接、居中理解（嚴格上來說稱為**領悟**〔comprehension〕）之間的韻律。

註1 原註：詹姆士（James），《心理學原理》（*Principles of Psychology*），第一冊，第二百二十一頁。**知道**(to know)和**知道**（**一件事**）（to know that）或許是更精確的等義詞；比較「我知道他」和「我知道他回家了」。前者只是表達了一個事實；但對後者來說，證據可能必要且應該提供。

2 習得意義的過程

熟悉

第一個和直接理解相關的問題是：大量直接能夠被了解的意義，是如何累積而成的。我們如何學習將看到的事物，視為一種情況中的重要成員，或是自然地認為事物擁有特定的意義？回答這個問題的主要困難在於，我們已經徹底詳盡地學會了熟悉的事物。相較起來，對於我們已經仔細學習、已深植地成為不自覺習慣的事物，反而更能夠輕易地思考尚未被探索的區域。我們如此迅速且直接地了解椅子、桌子、書本、樹木、馬匹、雲朵、星星、雨水，而很難意識到我們曾經需要學習這些事物的意義，它們的意義現在更像是事物本身的一部分。

疑惑存在於熟悉之前

在一段常常被引用的文章段落中，詹姆士先生說：「嬰兒同時為眼睛、耳朵、鼻子、皮膚和內臟所擾，覺得所有事物好像是一個巨大繁盛、吵雜的疑惑。」[2]詹姆士先生的描述，是將嬰兒的世界視為一個整體，但這同樣也適用於，描述成人對於任何新事物震驚的方式，只要事物是十分新穎奇特的。對傳統的「膽怯靦腆的人」（cat in a strange garret）來說，所有事物都模糊不清和疑惑；缺少了通常用來標記事物，以區分彼此的記號。不理解的外文，聽起來總是含糊不清，因為我們無法定下明確、清楚、獨立的聲音組合。更多的例子包括：在擁擠城市街道的鄉下人、在海上漂泊卻不諳航海的人、在複雜比賽中和專業選手較勁的門外漢。對一名毫無經驗的人來說，一開始進入工廠工作，一切都是沒有意義的行為組合。對造訪的外國人來說，所有另一個種族的陌生人，普遍都長得一樣。在羊群中，外來者只會注意到整批羊的大小和顏色的不同；但對牧羊人來說，每隻羊都是全然獨特的。分散又模糊不清和隨意變化的焦點，代表著我們不理解事物。如何使用事物以習得意義，或是（以另一種方式描述）如何培養簡單了解（simple apprehension）習慣，這樣的困難便是如何在模糊不清和搖擺不定的事物中，引進意義的①**明確性**（definiteness）和**獨特性**（distinction），以及②**一致性**（consistency）和**穩定性**（stability）的難題。

實際的回應闡明了疑惑

我們主要透過實際的活動，以習得意義的明確性和連貫性（或恆定性）。藉由轉動客體，孩子得以察覺客體的圓球形狀；藉由拍打客體，他找到了客體

註2 原註：《心理學原理》，第一冊，第四百八十八頁。

的彈性；藉由丟擲客體，他衡量客體明顯獨特的要素。孩子不是經由感官，而是以互動、反應性調整（responsive adjustment）的方式，產生對客體獨特的印象，並且給予客體特徵，以區分其他引起相異回應的特質。舉例來說，孩子通常需要很多時間，來了解顏色的不同。對成人來說，明顯到不可能不注意到的差異，要孩子辨別和想起都十分困難。毫無疑問地，這些顏色當然不是看起來都一樣，但是這並不需要智力，就能分辨不同顏色。客體的紅色、綠色或藍色，並不能引起特殊意義的反應，讓它們從顏色的特性中顯著或獨特。但是慢慢地，某種特定的習慣性回應，將自己和某個事物相聯繫；白色的客體變成：比如牛奶或糖的象徵，孩子對它們的回應熱烈；藍色成為孩子愛穿洋裝的象徵……等等；而獨特的反應，能夠將顏色之前被其他事物掩蓋的特質，挑選出來。

我們以用途或功能辨別

再舉一個例子。我們不難去分辨不同的長耙（rakes）、鋤頭（hoes）、犁（plows）和耙（harrows）、鏟（shovels）和鍬（spades）。每種工具都有自己相聯繫的特殊用途和功能。但是，我們可能很難記得，樹葉的形狀是卵形，或是倒卵形；樹葉的邊緣是齒狀，或是鋸齒狀；或是英文中，酸（acids）的形容詞以**ic**結尾，和以**ous**結尾的不同。它們有差異，但差異到底是什麼呢？又或者，我們知道差異為何，但是到底哪個是哪個？外形、尺寸、顏色和各部分排列的變化，與了解事物獨特的特徵和意義，沒有什麼關聯；而事物及其部分用途、目的以及功能，與了解事物獨特的特徵和意義，則是比我們想像得更有關聯。誤導我們的是，外形、尺寸、顏色等等的特質在**當下**如此獨特，而讓我們無法看到問題、恰恰是如何解釋這些特質獲取明確性和顯著性的方式。只要我們被動地坐在客體前，客體就沒有從吞沒它們的模糊不清中顯著突出。聲音中的高低和強弱，會留下不同的感覺，但要等到我們對聲音採取不同的態度，或是對聲音**做出**特別的反應，才能**運用智力**掌握和保留它們的隱約差異。

孩子的圖畫說明了價值的主導性

孩子的圖畫能夠更深入闡述這個原則的例子。孩子的圖畫裡不使用透視（perspective），因為孩子對**立體表示法**（pictorial representation）並不感興趣，孩子感興趣的是，圖畫代表的事物。透視，在立體表示法中不可或缺，但是它並非事物本身的特別用途和價值。孩子畫出來的房子有著透明的牆，因為房間、椅子、床、房子裡的人，對房子的意義來說，是重要的**事物**；煙從煙囪中冒出；不然為什麼要有煙囪？聖誕節的時候，孩子畫的聖誕襪可能幾乎和房子

聲音用來作為語言
符號也一樣

一樣大，或聖誕襪甚至大到得放在房子外面：不論如何，孩子所使用價值的規模，提供決定了這些價值特性的規模，圖畫是以圖表的方式提示這些價值，它並不是物質和感官特質的公正紀錄。大多數人在學習立體表示法技巧時，所面臨的主要困難是，習慣性用途和使用後的結果，已經如此緊密地加諸於事物特徵之中，根本不可能隨心所欲地排除它們。

因為聲音成為文字，而以聲音習得意義，或許是用來闡述單純由感官刺激獲得明確和恆定的意義，為了達到理解目的，聲音被定義和相互連結，最為最顯著的例子。語言是一個特別好的例子，因為現在有成千上百的文字，這些文字的意義已經和物質的特性完全結合了，就文字的例子來說，我們比較容易發現，我們是逐漸且費力地習得這樣的連結，而對於像椅子、桌子、鈕扣、樹木、石頭、山丘、花朵等等，物質的客體來說，知識的特徵和意義，與物質事實的結合，是原始的；並且是被動地加諸我們身上，而非經由主動的探索。關於文字的意義，我們毫無困難地看見，是經由發出聲音，並注意到後續的結果、經由聆聽他人的聲音，並且觀看隨之而生的活動，而最終特定的聲音穩定地搭載一種意義。

總結

對意義熟悉的知識，就代表了我們從客體中，習得了回應的明確態度，因而不需反思，便可預期某種可能的後果。預期的明確性定義了意義，或讓意義不再是模糊混淆的事物；預測慣性、反覆發生的特徵，使得意義恆定、穩定、一致，抑或讓意義不再是浮動搖擺的事物。

觀念是明確的意義

3 觀念和意義

意義一詞是熟悉的日常用語；**觀念**（conception）、**概念**（notion）兩者都是普遍和技術性的詞彙。嚴格說，這兩個詞彙並沒有包含任何新的資訊；任何足夠獨立且能夠直接領會，和隨時使用、並因此由一個字詞確立的意義，那便是觀念和概念。語言學上來說，每個普通名詞都是意義的媒介，而在詞彙前加上**這**和**那**的專有名詞和普通名詞，則是用來舉例意義的事物。思考是運用和延伸概念、觀念，也就是說，在推論和判斷時，我們使用意義，而意義因我們的使用而正確且淵博。

不同的人談論實質上不存在的客體，卻都得到相同的信念。在不同時刻、

是被標準化的

相同的人，通常談論相同的客體，或相同種類的客體。感官經驗、物質條件、心理狀態不同，卻保留了相同的意義。如果在使用的時候，磅隨意改變重量，英尺支配自己的長度，那我們當然就沒辦法秤重或是測量。要是無法在不同的物質和人物變化中，維持某種穩定性和恆定性，意義可能就只會成為我們的知識立場（intellectual position）。

我們使用概念，以辨識未知

因此，堅決強調觀念的根本重要性，便只是舊話重提。我們應該就在此做個總結，說明概念或是標準意義是：①辨識事物，②補充事物，以及③將事物放置於系統中的工具。假設在天空中，偵測到前所未見的一小點亮光，除非有之前儲備下來的意義，去作為探索和推理的工具，否則光點便僅僅是感官感覺到的一個光點而已。它所代表的，可能不過就是視神經的不適。考慮到從過去經驗中習得的意義存量，心智使用適當的觀念，來處理對應這個光點。它代表小行星還是彗星，或是新形成的恆星，還是因為宇宙撞擊和分裂，而產生的星雲？每個觀念都有自己獨特和不同的特徵，微小和持續的探索，會尋找這些特徵。於是，假設我們辨識光點為彗星，藉由彗星的標準意義，它便有了彗星特徵的特性和穩定性。接著補充就會發生。我們將所有彗星的已知特質，加諸這

並且補充現在感覺到的事物

以及將事物系統化

系統對知識的重要性

個光點上，即便還未觀察到這些特質。過去天文學家所學到，所有關於彗星路徑和結構的事物，成為可用的資本，可以用來詮釋光點。最後，彗星的意義本身並非獨立；它是天文學知識完整系統中相關的一部分。恆星、衛星、星雲、彗星、流星、星塵，這些觀念都有著某種相互推論和交流的關係，在辨識光點是彗星的時候，光點就成為這個廣大信念王國中的正式成員。

達爾文在他的自傳草稿中寫到，在他年輕的時候，他跟地質學家西奇威克（Sidgwick）說，他在某個沙礫坑裡找到了熱帶地區的貝殼。西奇威克馬上就說，貝殼一定是被某個人丟在那裡的，還說：「但是假如貝殼真的埋在那裡的話，這就是地質學最大的不幸，因為這推翻了所有我們知道，關於英國中部地區地面礦床（superficial deposit）的知識。」因為英國中部地區以前是冰河。達爾文則說：「我那時十分震驚，在英國中部發現熱帶貝殼這樣完美的事實，西奇威克居然一點都不高興。從來沒有任何一件事，讓我如此透徹地體悟到，**科學的主要功能是分類事實，以便從事實中得出普遍定律和結論**。」這個案例（當然，同樣可能在任何科學分支中發生）指出了科學概念如何在使用觀念時，讓系統化趨勢清楚明確。

4 什麼不是觀念

認為觀念是補充標準規則，以識別和安置特定事物的想法，可以和一些當前對觀念本質的誤解相對比。

觀念不僅僅是遺留物

①去除客體中不同的特質，而只保留相符的特質，這樣的方法並不會產生觀念。描述觀念起源的時候，我們有時認為，這就像孩子一開始接觸許多不同的特定事物，比如說特定的狗；他的飛寶、鄰居家的卡洛斯、表親家的特瑞。孩子面前有著這些相異的狗，他分析這些狗，將牠們分析為許多不同的特質，比如(a)顏色、(b)尺寸、(c)形狀、(d)腳的數量、(e)毛髮的數量和質量、(f)消化器官等等；接著除去不相似的特質（比如顏色、尺寸、形狀、毛髮），而保留某些特性，像四隻腳和馴養的，這些是所有狗兒普遍都有的特性。

而是積極的態度

事實上，孩子一開始是先注意到，從他所見過、聽過和馴養過的狗中，任何他能夠獲得的重要性。他發現在一次經驗中，對某個特殊行為模式的特定預期，也可以於後續的經驗中使用。他甚至在模式出現前，就已經預測到了。只要任何線索或刺激出現、只要客體提供他能夠這樣做的理由，他便傾向於採取這樣的預期態度。因此，他可能會叫貓：小狗，或是叫馬：大狗。但是當發現其他預期的特性和行為模式，並未獲得滿足時，他就必須從狗的意義中，排除某些特性，而藉由對比（參見p.141），選擇和強調某些別的特性。當孩子更進一步將此意義應用至其他狗身上時，狗的意義就更加清晰且精確。他並不是從許多取得共同意義的現成客體開始，而是試著將任何過去經驗中，能夠幫助他理解的事物，應用在每一種新的經驗中，當結果實現或反駁了這個持續假設和實驗的過程，他的觀念就更加完整清晰。

觀念因其應用而通用

②相同地，觀念因為它們的用途和應用，而不是因為其構成要素，而成為通用的。認為觀念來自不真實的分析，而與這樣的想法相對的是，認為觀念是由分析數個獨立個體後，所留下的相似元素所組成的。但事實並非如此；獲取意義的時候，它便是一個用來深入了解的工具、理解其他事物的方法。因此，意義被**延伸**以包含其他事物。意義的通用性，來自它幫助我們理解新案例的適用性，而不是來自案例的構成部分。成千上百客體所留下來的大量特性，被認為是普遍殘留物（**剩餘物**〔caput mortuum〕），但它們就僅是數量的聚集、存貨或是總體，並不是**通用的想法**；在任一經驗中所強調的顯著特性，並

在之後能夠幫助我們理解另一個經驗，這樣的特性，因為提供適用性，而成為通用的特性。綜合並非機械式的添加，而是使用在一個案例中發現的某些事物，並讓它與其他案例一致。

5 意義的定義和組織

一個完全無法理解事物的人，至少不會**誤**解。但是一個人若以推論和詮釋的方式、以事物之間的關聯，來判斷事物代表什麼而獲取知識，便會一直暴露在**誤**會、**誤**解、**錯**認的危險中，錯誤地了解事物。誤解和錯誤，經常來自意義的不明確性。因為意義模糊，我們誤解他人、事物和自己；因為意義模稜兩可，我們曲解和濫用。有意曲解的意義，會被認為是胡說八道；如果意義明確是錯誤的，我們可以加以確認，並予以摒除。但是模糊的意義，太過含糊而無法幫助分析，太混雜而無法支持其他信念。它們逃避測試和責任。模糊性讓人無法辨識五花八門的混雜意義，鼓勵我們用一種意義取代另一種意義，還掩飾了精確意義根本不存在的事實。它是原始的邏輯罪惡，最糟糕的思考從此而

內涵是指抽象的意義

外延是指意義的應用

來。完全移除不明確性是不可能的；減低它的程度和強度，需要真誠和力量。要明確睿智，意義必須完全是獨立、單一、完整、在一定程度上是一致的。任何因此而獨立的意義，它的專有名詞是**內涵**（intension）[3]。達成此種意義單位的過程（以及得到意義時，陳述它們的過程）是定義（definition）。**人類**、**河流**、**種子**、**誠實**、**首都**、**高等法院**等字彙的內涵，是**專門**和**特別**加諸在這些字彙上的意義。在這些字彙的定義中，更加闡明了此意義。對意義獨特性的試驗是，意義應該能夠成功地區分，一組**代表**此意義的客體和其他組，特別是傳達幾乎同類意義的客體。河流的意義（或特徵）必須要能夠代表：隆河、萊因河、密西西比河、哈得孫河、沃巴什河（the Wabasha），不論它們地點、長度、水質的不同；也必須是**不**代表洋流、池塘或溪流的。使用意義以區分和歸類各種獨特客體，便構成了意義的**外延**（extension）。

註3 intension，指一個符號、詞語、或句子的意義或特徵，多半是用定義的方式表達。內涵經常與外延（extention）一起討論。內涵稱謂一個詞能描述的、所有可能的事物的集合；相反的，外延或指稱（denotation）稱謂一個詞實際上描述的所有真實事物的集合。

定義闡明內涵，劃分（division，或是反過來的過程，分類〔classification〕）則闡述外延。很明顯地，內涵和外延、定義和劃分，是相互關聯的；使用先前用過的用語，**內涵**的意義用來識別特定事物的原則；外延是將所識別和分辨的具體事物歸類。意義，如同外延，若沒有指稱某個或某組客體，就是完全未確定或不真實的；而就智力上來說，若是沒有根據客體持續代表，以及表示的特殊意義，將客體加以分組或分類，客體便是分離和獨立的，就像它們在空間上看起來的樣子。總的來看，定義和劃分，讓我們擁有獨立或明確的意義，並顯示意義指稱哪一類客體。它們代表了意義的固定和組織。若是任一組經驗的意義十分清晰，能夠根據彼此的相關性歸類這些經驗，並且成為歸類的原則，在這樣的程度下，那組具體的事物，便成為一種科學；也就是說，定義和分類，具備科學的特點，而不是大量不相關的雜亂資訊，也不是在我們對它的運作卻毫不知情下，將相干性帶入經驗的習慣。

定義有三種類型：**指稱的**（denotative）、**說明的**（expository）、**科學的**（scientific）。在這三種類型中，第一種和第三種在邏輯上是重要的，而作為介入方法的說明類型，在社會和教學法上是重要的。

我們以辨認而定義

以及結合已經更為明確的事物

一、指稱的定義。一位失明的人，絕對無法適當地理解**顏色**和**紅色**的意義；而看得見的人，只能指明特定的事物，將注意力集中於它們的某些特質上，而習得這樣的知識。找出對客體的特定態度，以界定意義的方法，可以被認為是**指稱的**（denotative）或是**指示的**（indicative）。所有的感官特質，都需要這種意義：聽覺、味覺、看到顏色，所有情緒和道德特質也都需要它。**誠實**、**同情**、**厭惡**、**恐懼**的意義，需要個人親身經歷過之後，才能領會。教育改革者反對語言學和學究式的訓練，並通常認為教育需要納入個人的經驗。不管一個人的知識和科學訓練有多淵博，都必須藉由直接體驗此客體的存在或特質，才能理解新科目、或是理解舊科目的新層面。

二、說明的定義。假若已經直接，或是指稱，界定了一些意義，語言便成為能夠增加想像組合和變化的資源。對一個還不知道顏色為何的人來說，可以將顏色定義為，介於綠色和藍色之間的色彩；我們可以從已知的某些貓科動物中挑選特質，並結合其他客體的尺寸及重量特質，而定義老虎（**也就是**，讓老虎的概念更明確）。闡述，是說明意義的本質；字典裡對意義的解釋也有如此的功用。我們將已經熟悉的意義相聯繫，這樣一來，在所處環境中獲得的意義，便能任我們使用。但是這些定義本身是二手和常規的；因此我們可能冒著因威權，而接受這些意義為**替代意義**的風險，而未鼓勵個人追尋能夠代表或證實定義的個人經驗。

並且發現製造的方法

三、科學的定義。就算一般的定義是，作為辨識和分類個體的準則，但是這樣的辨識和分類的目的，主要是實際和社會性，而非智力的。認為鯨魚是魚類，並不妨礙捕鯨者捕獲鯨魚，也不會在看到鯨魚時，認不出鯨魚；但是認為鯨魚並非魚類，而是哺乳類，同樣滿足實際目的，也為科學的識別和分類，提供了更有價值的原則。一般的定義，挑選某些相當明顯的特性，以作為實現分類的關鍵。科學分類挑選**因果關係**、**製造和產生**的條件，以作為定義的特殊素材。一般定義所使用的特性，並不能幫助我們理解，客體為什麼具有它共同的意義和特質；它們只是道出了這種定義具備這些意義和特質的事實。根據因果和來源的定義，則注重客體建構的方式，認為這是客體之所以為特定種類客體的關鍵，而因此解釋了客體為什麼有這樣的類別或共同特性。

因果和描述性定義的對比

舉例來說，若問一位實務經驗豐富的門外漢，他所指的**金屬**是什麼，或他認為金屬是什麼，他大概會根據①能幫助辨別任何金屬的特質，和②在藝術

科學是最完美的知識類型，因為它使用因果關係的定義

中有用的特質來回答。平滑度、硬度、光澤度和輝度、就其尺寸來說沉重的重量，可能都會被包含在它的定義中，因為這些特性，讓我們在看到和摸到特定事物時，能夠辨別它們；受到捶打和拉扯而不會斷裂、遇熱變軟、遇冷變硬、維持形狀並可以形塑成特定形狀、抗壓抗腐的能力，這些有用的特性也應該會被包括，不管是否使用了**延展性**和**可熔性**等詞彙。

意義是由科學觀念根據不同的基礎決定，而不是經由前述的特性、或是前述特性，加上其他資訊來決定的。目前金屬的定義大概是像這樣：金屬是任何和氧氣結合的化學元素，並因此組成鹼，**也就是**一個與酸中和，而形成鹽的化合物。此科學定義，並非基於直接注意到的特質，或是直接有用的特性，而是基於某些事物和其他事物的因果關聯；也就是說，它代表關係。當化學觀念逐漸成為組成其他物質中，交互作用關係的觀念時，物理觀念就表達了更多運作的關係：數學，是表述相依性的功能，以及分組的順序；生物，是因對不同環境調整，而產生不同的遺傳關係。簡言之，我們的觀念在顯示事物如何相互依賴，或相互影響的程度下、而不是在表達客體靜態擁有的特質時，會獲得最大限度的明確獨立性和通用性（或適用性）。理想的科學觀念系統是，在任何

事實和意義，轉移至其他事實和意義的過程中，獲得轉移的連續性、自由和彈性；在持續變動的過程中，我們有了能將事物連接在一起的動態連結，一個能夠對製造或對成長模式提出見解的原則。

第十章 具體思維和抽象思考

抽象和具體的錯誤概念

老師在教導時所需遵循的準則：「從具體到抽象」，這個準則大家可能都不陌生，卻沒人真正理解。很少讀過或聽過這個準則的人能清楚地明白，起始點所代表的意思（也就是具體事物的觀念），或是明白目標的本質（也就是抽象事物的觀念）；也無法清楚明白，從具體事物到抽象事物，所需過程的確切本質。有時候，我們完全誤解了這個準則，認為教育應該先從教導事物開始，再提升至思考，這講得好像考慮事物卻不加思考，可能會有教育價值一樣。於是，在教育量表低的一端，這項準則鼓勵機械化的慣例或感官刺激；在教育量表高的一端，則鼓勵學術和未應用的學習。

事實上，即便是孩子在考慮事物時，都充斥著推論；根據產生的聯想而認知事物，這樣的重要性，就等同於挑戰對詮釋的重要性、證據對證實信念的重要性。指導事物卻不加思考、指導感官知覺卻不根據感知做判斷，是最不自然的。假如我們想要著手的抽象事物，代表的是分離思考和事物，那麼所建議的目標，就是表面且空洞的，因為有效的思考總是或多或少與事物相關。

重述直接和間接的理解

但是，前述準則有著已經獲得理解和加以補充的意義，此意義可以解釋邏輯能力發展。這個準則代表什麼意思？具體是指一個明確和其他意義區分的意義，所以我們馬上就能夠依據事物本身，而了解它。聽到**桌子**、**椅子**、**爐子**、**外套**等詞彙時，我們不需反思，就能知道它是什麼意思。這些詞彙十分直接地傳達意義，所以不需任何轉譯。然而，有些詞彙和事物的意義，只有在想起較熟悉的事物後，才能找已知和未知之間的關聯。粗略地來說，第一種意義是具體的；第二種是抽象的。

熟悉的事物在心智上是具體的

對於一個完全精通物理學和化學的人來說，**原子**和**分子**的概念是相對具體的。它們不斷被使用，而不需要花腦筋思考，就能了解它們的意思。但是不懂科學，或是剛開始接觸科學的人，必須先想到他們已經十分熟悉的事物，並經過緩慢的轉譯過程才能了解；再者，如果不思考熟悉的事物，以及經過從熟悉事物到陌生事物的轉移過程，**原子**和**分子**等詞彙，很容易就會失去它們來之不易的意義。其他專業術語也闡述相同的區別：代數中的**係數**和**指數**、幾何圖形中不同於一般意義的**三角形**和**正方形**；政治經濟學中的**資本**和**價值**……等等。

實際事物是熟悉的

上述的區別，完全與個人的智力發展相關；在某個成長時期中是抽象的事物，在另一個時期是具體的；或是恰恰相反，發現了應該是完全熟悉的事物，竟然有著陌生的元素和未解決的問題。不論如何，都有一條分隔線，根據整體的事物，來決定什麼屬於熟悉知識之內的，這條線以更固定的方式，區分具體和抽象的事物。這些界線**主要是由實際生活的需求來設定的**。棍子和石頭、肉和馬鈴薯、房子和樹，這些事物都是環境的持久特性。我們為了存活，必須顧及它們，所以很快便記住了它們的意義，意義和客體也密不可分。如果我們和事物緊密相關，而它陌生和不可預測的部分已不復存在，我們便通曉事物（或是事物對我們來說是熟悉的）。社交的必要性也讓成人對**稅**、**選舉**、**薪資**、**法律**等等的詞彙，有具體的概念。個人本身不能直接理解其意義的事物，比方說像烹飪用具、木匠工具或織布工具，依然馬上會被歸類為具體的事物，因為它們和我們普遍的社交生活是如此地直接相關。

理論或完全和智力相關的事物是抽象的。

相反地，抽象是**理論的**，或是並未與實務考量緊密相關的。抽象的思考者（有時候也被稱為純粹科學的支持者）有意將自己從生活的實用性中抽離，也就是說，他不考慮實務用途。但是，這僅僅是一個負面的論述。一旦排除了與用途和應用的連結時，剩下的是什麼？**當然是認為知識本身是目的**。很多科學概念都是抽象的，並不僅是因為這些概念，需要學習科學很長一段時間後，才能被理解（這對藝術中的專業事物來說，也同樣適用），也是因為它們的所有意義內容，是架構來促進更深層的求知、探索和預測。當思考是**用來做為達成某個超脫於思考本身以外的目的、事物或價值的方法時，思考是具體的；當思考只是用做達到更多思考的方法時，思考是抽象的**。對理論學家來說，只要想法吸引人並予以思考，想法就是合適且完備的；對於醫生、工程師、藝術家、商人、政治家而言，只有在使用想法，以便在生活中增進某些利益（健康、財富、美貌、善良、成功或任何想要的）時，想法才是完整的。

輕視理論

對大多數身處一般環境的人來說，實務生活中的急迫需求，如果不是完全，也幾乎是高壓的。他們的主要職責是做好份內的事。單純因為提供思考的範疇而重要的事物，是呆板且遙遠的、並幾乎是人為的。因此，實際和成功的執行者看不起「單純理論學家」；也因此他堅信某些事物可能在理論中完美無瑕，實際上卻無法實行；一般而言，他用輕蔑的方式使用**抽象的**、**理論的**和**智力的**（而非**才智的**）等詞彙。

但是理論是十分實際的

當然，這樣的態度在某些情境下是有道理的。但是輕視理論，並不包含全部的真相，就如常識或實用知識無法辨別全部的真相。有時，即便是從常識的觀點來看，也有「太過務實」的可能，太專注於眼前實際的事物，而忽略了事物所依據的根基。理論與實務是關於限制、程度和調整的問題，而非絕對的分界。真正務實的人，讓心智自由地思索主題，而不是時時詢問能夠獲得的利益；只專注於用途和實用性限制了視野，最後終會潰敗。限制思考並只考量用途，而不讓思考任意翱翔，並不值得。行動的力量需要巨大和富有想像力的願景。人至少要有足夠的興趣，為了思考而思考，以脫離例行公事的限制。為了知識而對知識感興趣、為了思想的自由而思考，實際生活需要這些以**掙脫束縛**，也就是讓實際生活更豐富和進步。

從具體開始，意指從實際操作開始

我們現在可以再回到，從具體到抽象的教學準則。

一、具體思維代表將思考應用於活動上，以便有效地處理那些實務上的困難，「從具體事物開始」指涉我們應該在一開始時注重**做**；特別是注重那些非慣例和機械化的工作，因此需要聰明地選擇，並應用方法和材料。如果單單只是增加感覺或累積物質客體，我們並未「遵照自然的順序」。所以在教數字時，不會因為使用了木條、豆子或圓點就變具體，只要我們清楚知覺到數字關係的用途和意思時，就算只使用數字本身，數的觀念仍是具體的。在特定時間中，到底最適合使用哪種符號，不管是積木、線條或數字，完全取決於對特定案例所做的調整。假如在教導數字、地理或其他科目時，所使用的實物，並沒有讓心智辨識出一個超脫實物本身的**意義**，那麼使用這些實物的指導說明，就和傳送現成定義和規則的指導說明，一樣抽象；因為它讓注意力，從觀念轉移到實體刺激而已。

混淆了具體與感知上獨立的事物

認為我們需要將感知看得比特定物質客體重要，以讓心智牢牢記住特定的想法，這樣的觀念幾乎變成了迷信。比起先前的語言學符號教學方式，實物教學和感官訓練，確實促成了大幅的進步，而這樣的進步，很容易讓教育者忽略了這方法也只是半調子的事實。的確，實物和感官幫助孩子成長，但這是因為孩子**使用它們**，了解自己的身體和活動架構。合宜連續的工作或活動，需要運用自然的材料、工具、能量模式，而使用的方法，則是要能激發我們思考這些材料、工具、能量模式的意義、它們彼此之間如何相關，以及與達成目標之間的關係為何；但僅只是獨立地呈現事物，依舊是無用無效的。幾個世代以前，改革基礎教育最大的障礙，是相信語言符號那幾乎魔幻的效益；而現在，相信實物本身的效益阻礙了去路。就像經常發生的，變得比較好反而阻礙了追求最好。

將興趣轉移至需要智力的事物

二、我們對結果的興趣、對成功實踐活動的興趣，應該逐漸轉移成學習：事物的特性、產生的結果、結構、原因和影響。若非必要，成人在工作時，很少能夠恣意地投注時間或精力，學習他所處理的事物。（參見p.83）設計孩子的教育活動時，不但要引導他對活動，和活動結果，產生直接的興趣，應該也要能夠讓孩子將注意力集中在，和原本活動有著較**間接**、**遙遠**關係的事物上。對木工或其他工匠工作的直接興趣，應該自然地、逐漸地變成對幾何和機械問題的興趣；對烹飪的興趣，應該發展成對化學實驗，以及人體成長生理學和衛生的興趣；繪畫應該變成對繪圖技術和美學欣賞的興趣，諸如此類。這樣的發展便是：「從具體事物到抽象事物」準則中的「**從**」所指涉的意思；它是過程中活躍和真正具教育性的因素。

開發思考活動的樂趣

三、產生的結果，也就是接下來教育將要處理的**抽象**事物，是對需要智力的事物本身產生興趣。喜歡為思考而思考。行為和過程的開始是偶然的，它們之後發展並維持了自身吸引人的價值，這是老生常談的事。思考和知識也一樣，一開始是附帶於結果和調整上的，卻吸引了愈來愈多的注意力，直到它們成為結果，而不是方法。為了他們希望成功做到的事，孩子不受拘束且持續地反思審視和測試。由此產生的思考習慣，會增加本身的強度和程度，直到它們變成重要的習慣。

轉移的例子

第六章所使用的三個案例，代表了從實用到理論的遞增過程。思考如何準時赴約，很明顯是具體思維的例子；試圖找出渡輪中特定部分的意義，是居中的例子；杆子存在，以及放置的原因，是實用的，所以對建築師來說，這是完全具體的問題，是維持特定系統的行動。但是對於渡輪上的乘客來說，這是個理論問題，多少是推測的。他知不知道杆子的意義，並不會影響他抵達目的地。第三個案例，關於泡泡的出現和移動的例子，則闡述了一個完全是理論或是抽象的案例。並不涉及克服實體的障礙，或是調整達成目標的外在方法。好奇心，也就是求知慾，受到看似異常事件的挑戰；而思考便是試圖使用已知的

理論知識絕非唯一目標

也不是最適合多數學生的

原則來解釋這樣明顯的例外。

①必須注意的是，抽象思考代表一**個**目標，而不是**唯**一目標。能夠持續針對間接事物進行思考，是從實用和立即思考模式，所發展出的成果，但這並非要取它們。教育的目的，不是捨棄實際思考的力量，以便克服困難，以及調整方法和目標；它並不是要用抽象反思來替代。理論思考，也不是比實用思考更高一等的思考類型。能夠使用這兩種思考類型的人，比只擁有一種思考類型的人更進階。培育抽象智力能力，卻削弱實用或具體思維習慣的方法，和培養計畫、發明、安排、預測能力，卻無法維持不管實際結果為何的思考樂趣，兩者都一樣不符合教育理想。

②教育者也必須注意每個人都不盡相同；他們不應該強迫所有人，都使用同樣的形式和模式。在許多（或許是大多數）決策的趨勢中，認為心智習慣是為了行為和成就而思考，並不是為了知悉了解而思考，這仍然是主要的觀念。長大後成為工程師、律師、醫生、商人的人，比成為學者、科學家和哲學家要多得多。教育應該要盡其所能地讓人們保有學者、科學家和哲學家的精神，不論他們的專業興趣和目標有多顯著，但是教育並沒有好理由可以認為，某種心

智習慣天生就比其他的高等，並且故意實用類型的心智習慣轉變成理論類型。我們的學校（如同p.88所提的）難道還沒有因為一邊倒的致力於較抽象類型思考，而不公平地對待多數學生嗎？一個「自由」和「人道」的教育理念在實務運作中，難道沒有因為太過強調專精，而常常培育出技術性思考者嗎？

教育的目標是有效的平衡

教育的目標，應該是在這兩種心智態度類型中，取得平衡的互動，夠尊重個人的性格，而不會阻礙或損壞個人天生強大的力量。個人應該要放寬對具體思維的狹隘看法。每一個因實用活動，而能提供對知識問題好奇和敏感的機會，都應加以把握。天生性格並未遭到破壞，反而更加開闊了。至於那些少數對抽象、純粹知識性主題感興趣的人，應該要努力增加應用觀念，以及將抽象的真理轉譯為，社會生活及其目標的機會和需求。每個人都有這兩種能力，如果能在這兩種力量彼此簡單密切的互動中，培養二者，每個人都會更有效率，也更快樂。

第十一章 經驗和科學思考

經驗思維取決於過去的習慣

1 經驗思維（Empirical Thinking）

除了科學方法的培育之外，推論也仰賴於由幾個特定經驗，所影響而建構的習慣，這些習慣本身並非根據邏輯排列組合的。A說：「明天大概會下雨。」B問：「你為什麼這麼想？」A回答：「因為天空在日落的時候烏雲密佈。」B又問：「這跟下雨有什麼關聯？」A則回答：「我不知道，但是如果日落時天空烏雲密布的話，一般都會下雨。」他並沒有覺知天色和下雨之間的任何**聯結**；他並不清楚任何在事實本身中，存在的連續性，也就是我們常說的：任何定律或原則。他只是將頻繁發生的推測事件相連，所以他看到一件事

在某些事件中，經驗思維相當合適

的時候，便想到另一件。一件事物讓人**聯想**到另一件，或是一件事物和另一件相**連結**。一個人可能因為他已經看過氣壓計，而相信明天會下雨；但如果他不知道水銀柱（或是因水銀上升下降而移動的指標）和氣壓變化的關聯為何，也不知道這些和空氣中的溼度有什麼關聯，那麼，他相信會下雨的可能性，就完全是根據經驗的。人類住在野外時，以狩獵、捕魚或是畜牧維生，偵測天氣變化的徵兆和跡象，是至關重要的。並因此發展出大量的格言和準則，這些格言和準則，構成了綿延不絕的古老傳說。但是，只要他們並不理解特定事件**為什麼**或**如何**是徵兆，只要預測只是根據重複連結的事實，相信天氣的變化全然根據經驗。

相同的，東方國家知識淵博的人，學會了十分精準地預測行星、太陽、月亮週期運轉的位置，並預言日蝕、月蝕，卻不知道任何天體運動的定律；也就是，他對在事實本身中，存在的連續性，並沒有任何概念。他們從反覆觀察中，學到事物就是：大概以這樣的方式發生的。直到近代，醫學的真理主要也是如此。經驗告訴我們，「考慮了所有方面」、「在多數情況下」、「一般或通常來說」，已經知道症狀的時候，特定診斷結果有著特定的治療方式。我們對個人（心理學）和大眾（社會學）的人類本質的信念，大半純粹來自經驗。即便是我們現在認為，是典型理性科學的幾何學科學，都是從埃及人累積關於地面粗略測量法的紀錄觀察，而開始的；在此之後，是希臘人逐漸使其成為科學的形式。

但也很容易導致錯誤的信念

僅僅根據經驗思維的**壞處**是明顯的。

①雖然很多依據經驗的結論大致而言是正確的；雖然它們夠確切，而能在實務生活中提供幫助；雖然在某個特定範圍中，善於預測天氣的水手或獵人的預感，可能比完全仰賴科學觀察和測試的科學家，所做的預測更加精準；雖然根據經驗的觀察和紀錄，確實提供了科學知識的原始素材，但是經驗法並無法分辨結論是對的，或錯的。因此會造成很多**錯誤**的信念。一種常見謬誤的專有名詞是**後此謬誤**（post hoc, ergo propter hoc）；相信因為一件事物發生在另一件事物**之後**，這件事物就是**因為**那一件事物才發生的。這樣的方法謬誤，是經驗結論的活耀原則，就算結論正確，那差不多是因為好運，而不是因為方法。應該只在弦月時栽種馬鈴薯、住在海邊的人在漲潮時出生，在退潮時過世、彗星是危險的預兆、打破鏡子會倒楣、成藥可以治癒疾病，上述的這些概念，再

加上成千類似的概念，都根據經驗的巧合和推測來論斷的。此外，期望的習慣和信念是由一連串重複相似的案例所形成。

但也很容易導致錯誤的信念

②經驗愈多愈頻繁、就有愈多注意力集中在它們身上，而以同時存在的事物，證明事物本身之間的關聯，就更加可信。我們很多重要的信念，都只是由這樣的關聯證明。還沒有人能夠確定地指出，年老或是死亡的主要原因，但是實證上，這卻是最為確定的預期。可是在面對**新穎**事物的時候，即使是這種最可靠的信念都不管用。因為它們根據的是過去的一致性，當新的經驗大幅偏離古老的事件和通常的慣例時，舊的經驗便毫無用處。經驗推論跟隨著習俗所留下的足跡，一旦足跡消失，便無所適從。克利福德（Clifford）[1]指出了一般技能和科學思考之間的不同，這是個十分重要的觀點。「技能（skill）讓一個人能夠應對他之前遇過的相似狀況，科學思考，讓他能夠應對他從沒碰過的不同狀況。」他接著定義科學思考是，「將舊經驗應用至新環境上」。

並且導致懶散和假定

③我們還沒討論到，經驗法最有害的特性。心智的惰性、懶散、毫無理由的保守主義，都會伴隨而來。比起根據經驗法所產生的特定錯誤結論，經驗法對心智態度所產生的一般影響，要更加嚴重。只要做推論時，主要依賴在過

去經驗中所觀察到的連結，就會迴避和通常順序的不一致、誇大了成功確認的案例。因為心智自然地要求某種連續性的原則、某種在不同事實和原因間的連結，所以便被武斷創造了為實現此目標的力量。為了提供必要的資訊，因此採用難以置信和神話般的解釋。泵能供水，是因為自然反真空；鴉片讓人昏昏欲睡，是因為它有讓人嗜睡的效力；我們回憶過去的事件，是因為我們有記憶的能力。在人類知識進步的歷史中，全然的神話伴隨著經驗主義的第一階段；而「隱蔽的本質」（hidden essence）和「神祕的力量」（occult forces）是經驗主義的第二階段。因為它們本身的性質，我們無法觀察這些「原因」，所以它們不能藉由更多的觀察或經驗，而加以確認或駁斥。因此，對它們的信念變成完全根據傳統慣例而來。學說由此而生，經過反覆的灌輸和傳承之後，變成了教條，然後扼殺了後續的探索和反思。（參見p.52。）

註1 指William Kingdon Clifford，一八四五～一八七九，英國數學家兼科學哲學家。他和赫爾曼・格拉斯曼發明了現在稱為幾何代數的範疇。數學物理上的克利福德代數以他命名。杜威引用的文字出自他的文章〈科學思考的目的與手段〉（Aims and Instruments of Scienfic Thoughts）。

以及教條主義

某些人，或者某些階級的人，變成了確立教條公認的保衛者和傳播者，也就是教導者。質疑信念就是質疑他們的權威；接受信念就是對權威忠貞的證據、是好公民的證明。被動、順從、默許成了主要的知德[2]。新穎和多樣性的事實和事件遭到忽視，或是受到修剪，直到它們能納入慣性的信仰。古老定律或大量雜亂、未經篩選的案例，讓探索和懷疑沉默無言。這樣的心智態度造成厭惡改變，而厭惡新穎十分不利於進步。禁止不符合確立法規的事物；發現新事物的人受到質疑，甚至成了迫害的對象。原本或許是十分周全謹慎的觀察，因為成見，而成了僅僅因為權威，就被接受的不變傳統和近乎神聖的教條，另外再加上那些剛好獲得權威青睞的荒誕觀念。

科學思考分析當下的案例

2 科學方法

和經驗法對立的是科學方法。科學方法藉由發現單一完整的事實，取代對個別事實的反覆聯結，取代的方式是**將觀察到的粗略或總體事實，分解成一些無法直接察覺的更細微過程**。

以經驗法闡述吸力

如果問外行人為什麼使用泵的時候，水會從水池中湧出？他無疑大概會回答：「因為吸力。」我們認為吸力是和熱力或壓力相同的一種力。如果這個人認為使用吸取泵時，水只會上升至大約三十三英尺高，他很容易就會忽視了所有力的力度都不同，終將達到極限而停止運作的難題。他也沒有注意到，水在不同海拔高度上，能抽出的高度也不盡相同，或者就算他注意到了，也不會加以考慮，只當作是大量存在於自然中的奇異現象。

以科學方法闡述

科學家藉由假設觀察看似為單一整體，但其實錯綜複雜的事實，而求取進步。因此，他試圖將水從管中升起的單一事實，分解為數個更小的事實。他使用的方法是盡可能逐一地**改變條件**，並且留意移除特定條件時，所發生的事。

仰賴差異

改變條件的方法有兩種。[3] 第一種是經驗法觀察的延伸。他小心地比較在偶然

註2 intellectual virtues，亞里斯多德將人類道德分為「體德」、「知德」和「行德」。體德指的是，如面貌、身體健康；知德屬於知識面，如善於規劃，是可教的；行德，如勇敢、仁慈，後天可養成，但表現並不取決於表現出來的行為。

註3 原註：就現在的討論目的，下面兩段重複我們在不同情境中，已經談論過的內容。參見第p.132和p.133。

不同條件下，發生的大量觀察。海平面高度不同，水上升的高度就不同，而且就算是在海平面上，在水完全停止上升前，高度也已經超過三十三英尺，這些觀察都受到強調，而非含糊帶過。科學家的目標是找到結果發生時，什麼樣的**特殊條件**存在，而在結果沒有發生時，什麼樣的**特殊條件**不存在。這些特殊條件之後取代了整體事實，或是被認為是整體事實的原則，也就是理解整體事實的關鍵。

然而，以比較案例的方法分析，卻嚴重不利；如果沒有幾個不同的案例，能夠用來互相比較，這個方法就毫無用處。就算相異的案例存在，也令人質疑它們是否只是在應該要不同的層面上互異，以便能夠解釋關鍵問題。這種方法是被動的，並且依賴外在的偶然因素。因此，主動或實驗法就更具優勢。即便是少量的觀察，都能令人聯想到解釋，也就是假設或理論。在這樣的聯想上運作，科學家便可以**有意地**變換條件，並記下所發生的事。如果根據經驗的觀察，讓科學家聯想到水中氣壓，與水在沒有氣壓的管中不會上升之間可能有關聯，他會故意排空裝有水的容器中的空氣，並發現吸力不再發生；或是他有意地增加水中的大氣壓力，並且記下結果。他設計實驗，以計算在海平面以及各種高於海平面高度的空氣重量，並且比較在特定容量水中，根據不同空氣重量的氣壓，所得的推理結果，以及觀察到的真正結果。**依據某種觀念或理論，以不同的環境條件，所組成的觀察，便構成了實驗**。實驗是科學推論的主要資源，因為它幫助我們在總體、模糊的整體中，挑選出重要的元素。

重述分析和綜合

因此，實驗思考或是科學推理，是結合**分析和綜合**的過程，或者用較不專業的語言說，就是結合區分（discrimination）和同化吸收（assimilation）或連結的過程。吸水閥（suction valve）運作、水便上升的整體事實獲得解釋，或是分解為數個獨立變數，有些變數是我們之前從未觀察到的，或甚至根本沒想過會和事實有關聯。這些事實的其中之一，也就是大氣重量，經過精挑細選後，而予以採用，以做為解決整個現象的答案。如此的拆解釐清就構成了**分析**。但是大氣和大氣壓力以及重量，並非僅存於此單一例子的事實。它是一個在許多其他事件中，也同樣運作的熟悉事實、或至少是能夠發現的事實。在決定了此細微渺小的事實，是泵抽取水的要素或關鍵後，泵的事實便被同化吸收，至它原本獨立於外的一般事實的整體之中。如此的同化吸收，便構成了**綜合**。再者，大氣壓力的事實本身，也就是重量或是重力，便是最普遍的事實案例之一。因此，便能夠採用適用於重量常見事實的結論，以考量和解釋**相對**罕見和特殊的吸水案例。我們認為吸入泵（suction pump）是和虹吸管、氣壓計、氣球升空，以及許多其他第一眼看到、都會覺得是毫無關聯事物相同類型的案例。這是科學思考同化吸收或綜合階段的另一個實例。

假若現在再來談論科學思考，相較於經驗思維的優勢所在，便會發現我們已經有線索了。

減少犯錯的不利條件

①增加保障，也就是增加確定性或證據的因素，因為大氣壓力**詳細和特定的事實**，取代了吸力整體、全部，以及相對混雜的事實。後者錯綜複雜，而它的複雜性，來自許多未知和不明確的因素；因此，任何關於它的論述，就或多或少是隨機的，而且任何環境中意料之外的變數，都很可能擊敗論述。**相較之下**，氣壓細微且詳細的事實，至少是能夠測量和明確的事實，是能夠有把握地加以選擇和管理的事實。

能夠管理新事物

②當分析提供了額外的確定性，綜合則提供應對新穎和多變事物的能力。比起大氣重量，重量是更普遍的事實，而大氣重量又是比吸入泵的運作要普遍的事實。能夠用普遍和尋常的事實，取代相對罕見和特異的事物，便是將看似

新穎和異常的事物，轉變為通則和熟悉的原則，並能加以解釋和預測。

如同詹姆士教授所說的：「想像熱是物體運動，而任何適用於物體運動的事物也都適用於熱；但是我們可能要有一百種物體運動，才會有一個熱的經驗。想像光穿透鏡片，是光線垂直折射的案例，如果你用線條改變特定方向的熟悉概念，來取代比較不熟悉的鏡片概念，這樣的概念每天都會帶來數不清的例子。」[4]

對未來或進步感興趣

③從保守地依賴過去、依賴慣例和習俗的態度，轉變為藉著理智的管理現存條件，而對進步的信任態度，這當然就是實驗科學方法的本能反應。經驗法，不可避免地放大了過去的影響；實驗法，則讓未來的可能性顯而易見。經驗法說：「**等到**有足夠的案例再說。」實驗法說：「**製造**案例。」經驗法仰賴自然意外的事件，以帶給我們特定的環境組合；實驗法刻意地竭盡所能創造組合。使用實驗方法，科學就能夠保證進步的概念。

物質和邏輯的力量

一般的經驗，多半是由不同事件的直接力度和強度，所控制的。明亮、

註4 原註：《心理學》第二冊第三百四十二頁。

突然、聲音響亮的事物，引人注目、並且顯著重要。我們忽略昏暗、微弱和持續的事物，或認為它們不重要。慣常的經驗，通常以**直接和立即的力量**控制思考，而非以那些長遠而言重要的力量所控制。沒有預測和計畫能力的動物必須整體而言，回應當下最緊急的刺激，不然牠們就不復存在。一旦思考力量發展了，這些刺激並不會喪失它們直接的緊急性，和喧嚷的顯著性；但是，思考需要能將立即的刺激置於遙遠和久遠的刺激之後。微弱和細小的事物，可能比耀眼和巨大的事物更加重要。後者可能是一種本身已經逐漸耗盡的力量象徵；而前者可能表示與個人整體命運相關過程的開端。科學思緒的首要必須條件是，思考者不受任何感官刺激和習慣的束縛，而擺脫束縛也是進步的必要條件。

以流動的水為例

試想以下的引言：「反思的心智，一開始想到流動的水，有著和人類或動物的力量相同的特性，也就是移動其他物質、克服惰性和抗力的特性。以這樣的觀點來看，眼前的河流也令人聯想到相似的力量，河流原本的動力級別便更上一層，當環境允許的時候，這樣的力量就能夠取代其他的力量。現代知識對水車和漂流筏已經十分熟悉，所以這樣的相似之處是十分明顯的。但是如果我們讓自己回到心智早期的狀態，源源不絕的水以它的**宏偉、喧鬧，以及偶發的**

破壞性影響著心智，我們或許就能輕易地假設，認為流動的水和動物的肌力相似，絕對不是件容易的事。」[5]

抽象的價值

如果我們將各種確立個人態度的社會習俗和期望，加諸這些明顯的感官特性上，經驗考量控制自由和豐富聯想的禍害，便清晰可見。人類需要一種特定的**抽象**力量、有意地忽略對情況的習慣性回應，才能繼續最終是有成效的聯想。

經驗包含思考

簡而言之，**經驗**一詞，可以用根據心智的**經驗**，或是**實驗**態度，來加以詮釋。經驗並非死板和封閉的事物，它是至關重要的，因此會逐漸發展。當經驗被過去、習俗和慣例主導時，它常常是和合理及認真推敲的事物相對立的。但是經驗也包括了，讓我們免於感官、欲望和傳統限制的影響的反思。經驗會接受並同化吸收，思考所發現的、最確切和敏銳的事物。的確，教育工作或許可以定義為掙脫經驗的束縛，並且增進擴展經驗。教育在個人是相對可塑的時

註5 原註：貝恩（Bain），《感官和智力》（The Senses and Intellect），美國版第三版，一八七九年，第四百九十二頁（粗體字部分並非原文）。

候，引領個人，讓他不會因獨立的經驗，而變得冥頑不靈，心智習慣不會無可救藥地依賴經驗。孩童時期的態度是天真、疑惑、實驗性的；人類和自然世界，對他是新奇的。正確的教育方法保存了這樣的態度，並使之臻於完美，也因此讓個人避開了緩慢的進步，並且不會濫用滯留不前的慣例。

第三部

思考的訓練

第十二章

活動和思考訓練

在本章，我們將彙整，並再次強調前幾章已經提過的，考量行動與思考的關聯，我們會按照人類成長的發展順序（但是並非完全按照此順序）加以論述。

①嬰兒的問題決定了他的思考

1 活動早期

看到嬰兒時總會想問：「你覺得他在想什麼？」就事例的本質而言，這個問題無法詳細回答；但是，同樣根據事例的本質，我們或許能夠確定，嬰兒主要的興趣。嬰兒面臨的首要困難，是了解自己的身體，而能夠自在且有效地對他的周邊環境做出調整。孩子幾乎什麼都要學：看、聽、伸手、拿、平衡身體、爬、走路等等。就算人類真的比低等動物有更多的直覺反應，人類的直覺也較不完善，而且在我們尚未能聰明地結合和引導多數的直覺之前，這些直覺是沒有多大用處的。剛孵出的小雞在試啄了幾次後，能夠用喙吃到穀粒，之後，牠就都能吃得到穀粒。這需要眼睛和大腦複雜的協調。嬰兒要到幾個月大之後，才能明確地伸手拿眼睛看到的東西，甚至需要好幾週的練習，才能學會調整距離，而不會手伸太長或太短。孩子實際上當然不可能摘得到月亮，但是的確需要多加練習，才能知道自己是否能夠伸手拿得到某個物體。手回應來自眼睛的刺激而直覺地伸出，這樣的傾向，產生了精準快速的伸手抓取能力；但不論如何，最終的熟練需要觀察，以及選擇會成功產生結果的動作，並根據結果將它們排列組合。**這樣有意識的選擇和安排活動，便構成了思考**，不過這是基本的思考類型。

掌控身體是需要用智力解決的問題

既然掌控身體器官，對所有後續的發展都是必要的，這樣的問題就變得有趣又重要；而解決這些問題，則提供了對思考力量的真實訓練。如何使用四肢、將所見事物握於手中、將聲音和所見事物連結、將所見事物和味覺及觸覺

②社會適應和溝通的問題

連結，孩子在學習這些時所顯現的快樂，加上孩子的智力在生命的第一年半中快速發展（在這段期間，孩子精通掌握了關於如何使用身體的更基本問題），都足以證明，控制身體的發展不是生理的成果，而是智力的成果。

儘管最初幾個月，孩子主要忙著學習如何使用自己的身體，以便讓自己舒適地適應身體狀況，並且學習有技巧並有效地運用事物，但是社會適應（social adjustment）也是很重要的。和父母、護士、兄弟姊妹在一起，孩子學到了飽足、舒適、宜人光線、顏色、聲音等等的徵兆。他和實體事物的接觸，是由其他人所控管的，他很快就能分辨，在所有和他有聯繫的事物中，人是最重要也最有趣的。但是，語言能力，也就是運用舌頭和嘴唇的運動，準確地發出聽到的聲音，是社會適應的上乘工具；孩子發展語言能力（通常是在兩歲的時候），依據語言能力改善活動，並能藉著語言能力和其他人互動，這是心智生活的重要元素。如果孩子看著別人的所作所為、試著了解，並且試著做其他人鼓勵他嘗試的事，那麼孩子可以做的活動的範圍也無限加寬。因此，在生命最初的四、五年中，便確立了心智生活的概要模式。好幾年、好幾世紀、好幾世代的發明和計畫，都花在培育孩子周遭的成人的表現和工作上。但對孩子來說，成人的活動是直接的刺激，成人是孩子自然環境中的一部分；成人以實體的形式顯現，吸引孩子的目光、孩子又想聽又想摸。孩子當然無法直接以自己的感官了解他們的意義，但是他們提供了孩子可以回應的刺激，所以孩子的注意力，集中在更高層次的素材和問題上。上一代的成就，形成了帶動與領導下一代活動的起點與平台，因此，孩子站在我們的肩膀上繼續前行，假若沒有這樣的過程，每一個世代都只得艱辛地為自己存活、為擺脫野蠻而打拼，文明的故事便不復存在。

社會適應產生模仿，但並非因模仿而生。

模仿成人的活動是十分有趣、多樣、複雜和新穎的刺激，並且是促進思考快速進步的一種方式（雖然是唯一的一種，參見第p.92）。但是，單純的模仿並不會產生思考，如果我們能像鸚鵡一樣，僅僅模仿他人外在的表現，那我們永遠都不需要思考；或者，在學會了模仿的行為之後，我們也不需要知道自己行為的意義。教育學者（和心理學家）常常假設，重複他人舉止的行為，是單純以模仿而習得的。但是孩子很少以有意識的模仿學習；如果說他的模仿是不自覺的，那就是在說模仿根本不是源自孩子的觀點。他人的字詞、手勢、行為、日常活動，都和孩子某種**已經活化的動機**一致，並且提供某種令人滿意的表達模式、某種能夠滿足動機的目的。有了自己的目的之後，孩子接著注意其他人，就像他注意自然事件一樣，而獲得更多可當作實現目的方法的聯想。他選擇一些他觀察到的方法，並且嘗試這些方法，了解它們是否成功，進而確認或降低他對這些方法價值的信念，並因此繼續選擇、安排、改良、測試，直到他能夠達成他希望實現的目的。旁觀者可能會發現，這樣的行為和成人的某些行為相似，並因此做出結論，認為這是以模仿習得的結果，但事實上，這樣的行為是由注意、觀察、選擇、實驗和確認結果，而習得的。唯有如此，才會有智力訓練（intellectual disciplines）和具有教育性的成果。成人的活動對孩子的智力發展來說，相當重要，因為這些活動在世界的自然刺激之外，為孩子帶來了新的刺激，而這些刺激更適合人類的需求，因為它們更豐富、更有組織、在範圍內更複雜、讓更有彈性的適應成為可能，並且可以產生新穎的回應。但是，孩子在利用這些刺激時，所遵循的方法，和在他不得不思考以了解自己的身體時，所使用的方法是相同的。

2 遊戲、工作以及相關的活動形式

遊戲代表以意義或想法主導活動

在遊戲中的想法組織

當事物變成徵兆，當事物有了代表其他東西的能力，遊戲（play）就從單純豐富的身體活動，轉變為需要心智要素的活動。小女孩弄壞了她的娃娃，但她照樣幫娃娃的腳洗澡、哄腳睡覺，或是摸摸它，這些都是她已經習慣對完整娃娃做的行為。部分代表了全部；她並非對感官上看到的實體作回應，而是回應她所感覺到的實體讓她聯想到的意義。所以孩子用石頭當桌子、樹葉當盤子、橡果當杯子。所以他們玩他們的娃娃、火車、積木，還有其他玩具。在玩這些玩具時，他們並非和這些事物的實體在一起，而是處在一個由這些事物所產生的世界之中；這個世界有著廣大深遠的自然和社會意義。所以，孩子假裝騎馬、玩石頭、扮家家酒或打電話時，他們是以實體存在的事物，代表觀念上象徵的事物。這樣一來，大量的意義和充足的觀念（對所有的智力成就都十分重要），就可以加以定義和累積。再者，我們除了熟悉通曉意義之外，也以相互連結的方式，分組排列意義，讓它們一致協調。遊戲和故事不知不覺地融入彼此。孩子富於想像的遊戲，很少完全不包括各種意義與彼此間的相互適應和關聯；「最自由的」遊戲，都有著某些連貫和一致的原則。它們有起點、中點和終點。在遊戲中，秩序規則遍布於各種微小的行為裡，並將它們結合為一個相連結的整體。在多數遊戲中有的律動、競賽和合作，也幫助組織想法。那麼，柏拉圖發現，而後由福祿貝爾（Fröbel）重新修改，認為遊戲對處於嬰兒後期的孩子來說，是主要、並幾乎是唯一的教育模式，就既不難懂也不神祕。

遊戲的態度

玩興（playfulness）是比遊戲更重要的考量。玩興是心智的態度，遊戲則是這種態度的短暫表現。倘若事物只是聯想的媒介，聯想到的事物，就比事物本身重要。因此，遊戲的態度便是自由的態度。這樣的人並沒有被事物的物質特性束縛，他也不在意事物是否真的代表（我們可以這麼說）他認為事物代表的意義。當孩子假裝掃把是馬，或假裝椅子是車子，掃把並不真的代表馬，椅子也不是火車頭，這些對孩子來說，根本就不重要。於是，要讓玩興不在任意的幻想中消散，以及不在根據真實世界建構想像世界時消失，就必須讓遊戲的態度慢慢轉變成工作的態度。

工作態度對方法和目的都感興趣

工作（work）是什麼？工作不只是外在的表現，也是心智的一種態度？它代表一個人不再滿足於接受事物令人聯想到的意義，或是按照這樣的意義行動，而是要求意義和事物本身的一致性。在成長的自然過程中，孩子慢慢會發現，隨意的假想遊戲（make-believe play）是不足夠的。虛構是太簡單的方法，

> 因為過程的結果，而對過程感興趣

無法滿足孩子，其中並沒有足夠的刺激，能夠引起令人滿意的心智回應。如果有了足夠的刺激，事物令人聯想到的想法，就一定能夠應用到合適的事物上。一個和有著「真的」輪子、連接桿，以及車身的「真正」推車相似的小推車，比起只是假裝任何在手中的東西都是推車，要更能符合心智的需求。偶爾幫忙在「真的」桌子上，擺設「真的」盤子，要比永遠只是假裝石頭是桌子、葉子是盤子更有幫助。興趣依然集中在意義上、事物只是因為闡明某個意義而重要。到目前為止，這是遊戲的態度。但意義現在的特徵是，它必須找到能夠合適代表自己的實際事物。

字典並不允許我們稱這些活動為工作。但不論如何，這些活動代表，從遊戲到工作的真實過程。工作（這裡指的是心智態度，並非只是外在的表現）**是藉由使用適當的材料和裝置，對在客觀形式中能夠適當地代表意義**（聯想、目的、目標）**的事物感興趣**。這樣的態度，善用了在自由遊戲中產生和累積的意義，但是也**留意確保是以和事物本身，所顯現到的結構一致協調的方式，將意義應用至其他事物上，以控制意義的發展**。

如果用較平常描述相異之處的方式來做比較，也許更能夠釐清遊戲和工作

斬釘截鐵區分玩耍和工作的後果

之間的差別。在遊戲活動中，是對活動本身感興趣；在工作中，是對活動結束後，所產生的成果或結果感興趣。因此，遊戲完全自由無拘束，而工作卻受到需要達成的目的所限制。以如此截斷的方式，敘述相異之處時，在過程和成果之間、活動和活動所達成的結果之間，幾乎總是會產生錯誤、不自然的分隔。真正的差別，並不在於對活動本身的興趣、以及對活動所產生的外部結果的興趣之間，而在於感興趣的是，隨著時間自然流動的活動，或者是注重終點、結果的活動，而這樣的活動，也因此有著一連串結合相繼階段的連續性。兩者都同樣能夠代表對活動「本身」的興趣；但是在第一種案例中，對活動的興趣或多或少是隨性的，是依照偶然的環境和衝動，或是偶然的命令；在另一種案例中，活動更加豐富，因為活動導向某個結果，它發展成為某樣事物。

想像力和實用性的錯誤概念

要不是關於遊戲態度和工作態度，兩者關係的錯誤理論，和學校的不恰當教學模式有關聯，也不需要堅持更確實的觀點以便改善現狀。但是，這種截然的區分，可悲地遍布在幼兒園和學校之間，證明了理論上的分隔，有著實際的影響。以遊戲之名，遊戲態度被誤認為是象徵性的、幻想的、感情用事的，以及隨心所欲的；而在與遊戲對立的工作之名下，工作態度包含了許多**外部分配**

的任務。遊戲沒有目的，而工作的目的太過遙遠，只有教育者知道那是目的，孩子卻渾然不知。

孩子到了一定的時期，就必須得更熟悉、更加確切地了解既存事物；也必須以足夠的確定性構想目標和結果，並用這些目標和結果指引自己的行為。孩子也必須習得專業技巧，以選擇和安排，能夠實現這些目標的方法手段。除非在孩子早期遊戲階段，就能夠逐漸引進這些元素，不然就得突然且武斷地在孩子成長後期階段，引進這些元素，這明顯對孩子發育的早期和晚期階段都不利。

遊戲和工作的明顯對立，通常和實用性以及想像力的錯誤概念有關。和家裡或街坊鄰居有關的事務，降級成為僅僅是實用性的事務。讓孩子洗碗、擺碗筷、幫忙煮菜、剪裁和縫紉娃娃的衣服、製作能夠裝「真東西」的箱子，以及用榔頭和釘子建造自己的玩具，這些活動據稱排除了美學和欣賞的元素、消滅了想像力，並且讓孩子的發育取決於物質和實際的考量；而（據稱）象徵性地模仿鳥和其他動物、人類父母和孩子、工人和商人、騎士、士兵和法官的家庭關係，則自由地運用心智、道德和智力價值。甚至有人說，如果讓孩子在幼兒園時，種植種子並照顧生長的植物，是太過物質化和實用性的；而戲劇性地

只有已經歷過的能夠作為象徵代表

想像力是了解尚未存在以及重要事物的媒介

模仿種植、培育、收割等等的活動，不使用任何物質材料，或使用象徵性的代表，這對想像力和心靈上的賞析，都很具教育性。因此嚴格禁止玩具娃娃、一列列的車子、船和引擎，而根據相同的理由，則推薦使用方塊、球和其他代表這些社會活動的象徵物。物質的客體和想像到的用途愈不相符，比如說用方塊當船，對想像力可能的吸引力就愈大。

這樣的思考有著幾種謬誤的見解。①健全的想像力處理的，並非不真實的事物，而是心智所了解的聯想事物。想像力的運用，並非一頭栽進全然幻想和完美的事物之中，而是拓展和填充真實事物的方法。對孩子來說，在他身邊進行的家務活動，並非達成物質目標的實用方法，它們代表著一個孩子還未探索的美好世界，一個充滿著神祕和希望的世界，所有孩子崇拜的大人所做的行為都充斥其中。不管對那些認為世界運行，不過就是日常慣例的大人來說，這個世界有多平淡無奇，對孩子而言，這個世界卻充斥著滿滿的社會意義。而孩子若想參與其中，就必須運用想像力，建造比任何孩子已經精通領會的價值，都還要更廣泛的價值經驗。

②教育者有時在孩子的反應大多是身體和感官上的時候，認為他們是在回

應更遠大的道德或心靈真理。孩子有著巨大的戲劇性模仿力量，對已經有著哲學理論知識的大人來說，他們的身體舉止，可能看起來好像被某種騎士精神、犧牲奉獻，或是崇高理想打動，但孩子只是對短暫的身體刺激充滿興趣。用遠超過孩子實際經驗範圍之外的事物，象徵深遠真理是不可能的，而這樣的嘗試則會導致孩子對短暫刺激的喜愛。

有用的工作並不一定是勞動

③教育界反對遊戲的人，常常認為遊戲僅僅就是娛樂，而反對直接和有用活動的人也不遑多讓，他們混淆工作和勞動。成人知道辛勤工作，才會有豐厚的收入，因此，他尋求紓壓、放鬆和娛樂。除非孩子還未成年便開始工作、除非他們被剝削成為童工，否則對孩子來說，這樣的區分並不存在。吸引孩子的事物，是因為事物本身吸引孩子。為了實用性而做事，和為了好玩而做事之間，並沒有區別。孩子的生活更統一、更完整。如果假設孩子可能無法自由且快樂地，做出成人通常在實用壓力下所做的活動，這是缺乏想像力的。決定什麼是實用的事物，以及什麼是無拘無束且具教育性的事物，這並不是取決於所做的事情，而是取決於做事時的心智特質。

3 建設性的工作

由工作產生的科學發展史

文化的歷史顯示，人類的科學知識和專業能力，因著生活的基本問題而發展，特別是在人類所有的早期階段，更是如此。解剖學和生理學，因為需要保持身體的健康和活躍而出現；幾何學和機械學，因為需要測量土地、建造，以及製造省力的機器而出現；天文學和導航緊密相連，記錄著時間的軌跡；植物學，因為對藥物的需求，以及農藝學而出現；化學和染色、冶金術，以及其他工業活動息息相關。這麼看來，現代工業幾乎完全和應用科學相關；一年又一年，常規和粗略經驗的範圍，由科學發現轉換成工業發明而縮小。電車、電話、電燈、蒸汽機，以及它們為社會交流和管理，所帶來的革命性結果，都是科學的成果。

學校的職業課程培育智力的可能性

這些事實都滿載著教育的重要性。多數的孩子天生都十分活耀。學校也已經積極採納了（大多為了實用的原因，而非完全是教育的原因）許多普遍被歸類於手工訓練（manual training）的科目，包括學校菜園、校外教學，以及各種平面藝術。或許現在最迫切的教育問題，是如何組織安排這些科目，並讓科目相互連結，所以它們能夠幫助孩子養成機敏、持續，以及成果十足的智力習慣。它們善於運用孩子更原始自然的能力（讓孩子想做），這是公認的；它們提供訓練自給自足、有效社會服務（social service）的絕佳機會，也逐漸獲得認同。但也可以運用這些科目，以帶出那些需要**個人反思和實驗，以及習得更專業科學知識，才能解決的典型問題**。單純的手工實作活動，或熟練的操作，並無法產生智力的成果（參見第p.86）。我們可以透過慣例、命令、常規，教導手工實作的科目，這就像教導學術科目一樣容易，但是若能夠在園藝、烹飪、編織，或是基礎木工和鐵工中，規劃有聰明的連貫性工作，不僅可以讓學生在植物學、動物學、化學、物理和其他科學中，累積了實用及科學的重要資訊，更重要的是，也讓學生愈來愈通曉實驗探索和證明的方法。

重新安排學習的教程

基礎課程過多是眾所抱怨的。如果不想要守舊地回到過去傳統的教育方法，唯一的替代方案，就是找出在各種藝術、工藝和日常活動中，培育智力的可能性，並據此重新安排課程。就是在這樣的情況下，才會找出方法，讓盲目和例行經驗，得以轉變成啟發人心、解開束縛的實驗。

第十三章

語言和思考訓練

1 語言作為思考的工具

語言和思考有著特別緊密的關聯，所以需要特別討論。雖然英文的邏輯（logic）一詞源自於邏各斯（logos，希臘文 λόγος），一般代表的意思為文字或言語，以及思考或理由，但是「大量的文字」代表著荒蕪的智力、虛假的思考。雖然學校教育以語言作為主要的學習工具，也常常將它當成主要事務，但是，幾個世紀以來，教育改革者都強烈控訴，目前在學校使用語言的方式。他們堅信語言對思考是必要的觀點（甚至和思考相同），和認為語言扭曲及隱藏思考的觀點相互對應。

語言是思考必要的工具

因為語言確立意義

三種關於思考和語言關係的代表性想法為：一，思考和語言是一樣的。二，文字是思考的外衣；對於思考來說並非必要，但是對於表達思緒卻是必須的。三（這是我們需要抱持的觀點），雖然語言並非思考，但是語言對思考和交流思緒都是必要的。不過，當我們說，沒有語言就無法思考，我們必須記住，語言包含的，不只是口說和書寫文字。手勢、圖片、遺跡、視覺意象（visual Image）、手指運動，任何我們有意識地用來作為**符號**（sign）的事物，在邏輯上來說，都是語言。認為語言對思考是必要的，就是認為符號是必要的。思考不是單單應對事物，也包含了事物的意義、聯想。而如果要了解意義，就必須在可以察覺的、特定的存在方式中，加以體現**意義**。若是沒有意義，事物便只是盲目的刺激，或是愉悅和痛苦的偶然來源；既然意義本身並非有實體的事物，它們必須以某種實體來確定。**符號**或**象徵**（symbol）是特別用來確立以及傳達意義的實體。如果一個人走向另一個人，要把他趕出房間，他的行為並非符號。但是，假若他指著門口，或是說：「出去」，他的行為便成為意義的載具：是一種符號或象徵。就符號而言，我們不在意它們本身為何，在意的是，它們表示或代表什麼。**拉丁文的狗**（Canis）、**丹麥文的狗**

（hund）、**法文的狗**（chien）、**英文的狗**（dog），只要意義存在，外表所顯現的事物是什麼並沒有關係。

自然符號的限制

自然物體是其他事物和事件的符號。雲代表雨，腳印代表競賽或是敵人，發光的石頭代表著地表下存在著礦物。但是，自然符號的限制很多。①物質或是直接的感官刺激，易於分散注意力，而讓人無法專注在，它們所代表或表示的事物上。[1]很多人都有經驗，對小貓或小狗指著某種食物，牠們卻只盯著手看，而不是手指著的食物。②只要自然符號單獨存在，那我們多半都是任由外在事件擺佈；我們得等到自然事件出現，才會被警告或告知，某些其他事件的可能性。③自然符號，原本並不是要作為符號的，所以它們累贅、笨重、不方便且難以管理。

人為的符號克服這些限制

因此，任何高度發展的思考，都不可或缺地需要有意圖的符號。語言能力提供了這樣的要件。手勢、聲音、書寫和印刷的形式，是完全的實體，但是我們特意彰顯它們作為意義而獲得的價值，並讓它們本身價值退於次位。①模糊的聲音和微小的書寫、印刷記號，它們的感官價值非常微弱。因此，注意力並不會從它們**代表**的功能轉移。②我們直接控制並製造它們，因此我們能在需要的時候，製造它們。說**雨**這個詞的時候，我們不需要等到任何雨的實體徵兆出現，才能想到雨。我們不能做出雲朵，但可以發出聲音，說出雲朵一詞，而聲音則成為意義和雲的象徵。③隨意的語言符號方便且容易管理。它們小巧、輕便又精細。只要我們生存呼吸；由喉嚨和嘴巴的肌肉，改變空氣容量和質量，以製造不同的聲音，便是簡單容易的，並且一定是可以控制的。我們也用手掌和手臂的姿勢和手勢，來作為符號。但是和改變呼吸以製造聲音相較，這些符號既粗糙又難以管理。不難想像，為什麼口說語言會成為有意圖智力符號的重要要件。聲音雖然細微、精煉，並且容易被改變，但也是短暫的。聲音的這個缺陷，被吸引目光的系統性書寫及印刷文字所彌補。**文字永垂不朽**（litera scripta manet）。

記住意義和符號（或語言）之間的緊密關係，我們就能夠更詳細地了解語言為①特定意義，以及②意義的組織，提供了什麼。

①個別的意義。言語的符號(a)從模糊混沌中，選擇或分離出意義（參見

註1 原註：與p.**216**所引用的貝恩論點比較。

符號讓意義明顯獨特

p.235）；(b)保留、記錄、儲存所挑選的意義；以及(c)在需要的時候，應用這個意義，以了解其他事物。將這些不同的功能結合在一起，並用比喻說明，我們可以說語言的符號是柵欄、標籤和交通工具，三者合一。

(a)每個人都有這樣的經驗，學到了原本模糊不清事物的適當名稱後，就能理解，並且釐清了整體的事件。有些意義看似唾手可得，但其實難以捉摸；它拒絕聚集成明確的形式；將文字加諸於意義上，就以某種方式（幾乎不可能說出是哪一種方式），限定了意義，讓意義並非空洞無用，讓它本身顯著突出。愛默生說，他寧可知道東西的真實名稱（詩意的名稱），而不是了解東西本身，那愛默生大概已經知道，語言啟發和啟迪人心的功能。孩子要求以及學習身邊所有事物的名稱時，所產生的那股喜悅，代表著意義對孩子而言，逐漸成為具體的個體，所以他們和事物的交流，從物質層面晉升到了智力層面。野蠻人認為文字有魔法的效力，這一點也不令人驚訝。為一樣東西取名字，就是給它一個稱謂，讓它從單單的物質實體，晉升為獨特和永恆的意義，使之更顯崇高尊貴。在野蠻的時代，知道人事物的名稱，並能夠運用這些名稱，便是了解人事物的高尚和價值，並能完全融會貫通。

符號保存意義

(b) 事物來來去去，或是我們來來去去，不管怎樣，總有我們沒注意到的事。我們和事物直接的感官聯繫，是非常有限的。由自然符號令人聯想到的意義，只發生在直接接觸或看到的情況下。但是由語言符號所確定的意義，則獲得保留以供未來使用。就算事物當下並不存在，無法代表意義，但是能夠製造文字，因此喚起了意義。智力生活需要大量的意義，因此，作為保存意義工具的語言，就是無比重要的。但是不可否認的，儲存意義的方法，並非完全不受汙染的；文字常常扭曲和修改它們應該好好保存的意義，但是，意義可能受到汙染的風險，是一切有生命個體為生存的特權所付出的代價。

符號轉移意義

(c) 如果符號分離並確立了意義，那麼就可能在新的環境和情況下，使用這樣的意義。這樣的轉移和重新應用，是所有判斷和推論的關鍵。一個人如果只知道某種特定的雲，預示著某種特定的雨，這對他來說幫助不大；他必須得一遍又一遍地學習，因為下一朵雲和下一場雨，是不同的事件。智力並沒有累積成長；經驗可能會塑造生理適應（physical adaptation）的習慣，卻不會教導我們任何事物，因為我們無法有意識地使用先前的經驗，去預測和控管未來的經驗。能夠使用過去的事物，判斷和推論未知的新事物，代表著雖然過去的事物已經遠去，但因為能夠使用它的**意義**，來決定新事物的特徵，所以它的意義持續不斷。語言形式是我們最棒的載具：它是容易操作的工具，能夠將意義從那些已不再讓我們煩惱的經驗，轉移至那些依然黯淡不定的經驗。

有邏輯的組織取決於符號

②**意義的組織**。在強調符號對特定意義的重要性時，我們忽略了另一個同樣重要的面向。符號不只是區分特定或個別的意義，符號也是根據意義相互的關係，而分類意義的工具。文字並非只是單一意義的名稱，或是稱謂；它們也組成**句子**，在句子中，意義根據相互的關係加以組織。當我們說：「那本書是字典」，或是「天空中迷濛的光是哈雷慧星」，我們表達的是，有邏輯的連結，這是分類和定義的行為，超越了實體，進入了屬和種、事物和特性的**邏輯**連結中。論點、句子都和判斷相似，主要以分析論點的不同類型，而建構獨特文字，這些獨特文字都乘載著意義或觀念；就像文字意味著句子，句子也意味著更龐大的完整連貫論述，這樣的論述是和句子相輔相成的。就像我們常常說的，文法表達了普遍心智的不自覺邏輯。**母語為我們建構了思考運轉時，所需的主要智力分類**。我們完全沒有注意到使用語言時，就是在運用系統化意義，顯示著我們已經完全習慣了語言的特質和分類。

2 教育對語言方法的濫用

只是教導事物，並沒有教育意義

如果完全按照字面解釋，「教導事物，而非文字」，或是「在教導文字前，先教導事物」的準則，就是讓教育徒勞無功；只是讓心智生活，變成單純對物質和感官的適應。就學習適當的意義來說，學習並不是學習事物，而是學習其**意義**，而這樣的過程需要使用符號，或是通用的語言。同樣地，某些教育改革者對象徵的攻擊，若是到了極端，也會摧毀智力生活，因為在那些單單因象徵，而出現的定義、抽象化、概略化和分類過程中，智力生活持續、活動，以及存在。不管怎樣，這些改革教育者的爭論，還是必要的。濫用事物的風險和正確使用事物時，所獲得的價值，這兩者是相稱的。

但是和事物分離的文字並非真正的符號

如同前述，象徵本身是特定、實質、感覺得到的實體，就像任何其他事物一樣。它們因為令人聯想到或代表的事物，**也就是**意義，而成為象徵。

①對任何個人來說，象徵只有在個人已經有了某些和意義確切相關的**經驗**後，才會代表這些意義。只有已經先將意義包含在，我們本身和事物的直接交流中，文字才能夠挑選和保存意義。想要只藉由文字賦予事物意義，卻不考慮

事物，那麼我們就無法理解這些文字；在教育界中，這樣的嘗試是很盛行的趨勢，是改革者所要反對的。此外，另一個趨勢是，假設只要有明確的文字或說話方式，就一定有明確的想法；但事實上，成人和孩子一樣，都能夠使用十分精確的語言，但描述的卻只是，他們所想表達事物最模糊困惑的意義。真實的無知，對我們更有益，因為伴隨而至的是謙卑、好奇和開闊的心胸；而能夠重複流行語、行話、熟悉論點的能力，導致自負的學習態度，並且為心智塗上了一層阻擋新想法的透明漆。

語言易於抑制個人探索和反思

②就算在沒有實物出現時，新的文字組合，能產生新想法，這樣的可能性也有限制。懶散的惰性讓個人接受已經廣為流傳的想法，自己卻沒有探索或測試。一個人或許運用思考，而找出了他人相信的事物，但之後便不再思考。他人在文字中的想法，取代了自己的想法。因為使用了語言的研究和方法，而讓人類的心智停留在過去經驗的成就，阻礙了新的探索和發現。讓傳統的影響力，取代了自然事實和定律的影響力，並且讓個人淪落為，寄居在他人二手經驗中的寄生蟲，這些都是為什麼改革者反對學校重視語言的原因。

文字作為單純的刺激

最後，原本代表想法的文字，經過重複使用，漸漸變成單純的籌碼；它們成為根據特定規則，而加以利用的實物，或者我們以特定的活動，回應這些實物，但卻沒有考慮到它們的意義。史圖特（Stout）[2]先生（稱這樣的現象為「替代符號〔substitute sign〕」）評論：「我們很常只將代數和算數符號，當作替代符號……。只要固定和明確的規則，是來自於所象徵事物的本質，就可以使用這種類型的符號，可以在運用這些符號時應用規則，對它們的重要性，卻沒有進一步的推論。文字是工具，我們用文字，來思考文字所表達的意義；而替代符號，是讓我們**不用**去思考符號所象徵的意義。」但是，這個原則不但適用於代數符號，也適用於一般文字；它讓我們不用思考，就能夠使用意義，以達成結果。在很多方面，讓人不需多加思考的符號，有很多益處；它們代表熟悉的事物，所以能讓人注意到需要詳加解釋的新穎意義。但是，學校過於重視獲得專業能力，以及製造外在成果的技能（參見p.100），常常讓這樣的益處變成了全然的害處。利用符號以便流利地背誦、獲得和說出正確答案、遵循規定

註2 指George Frederick Stout，一八六〇～一九四四，通常被引用為G. F. Stout，是英國哲學家和心理學家

的分析方式，讓學生的態度變得機械化，而非縝密周到；言語的死背，取代了對事物意義的探索。教育的語言方式遭到抨擊時，這應該就是最首要的危害。

3 教育上對語言的使用

語言的用途並非主為智力的

語言和教育工作有著雙重的關係。一方面，我們仍在所有的學科，和學校的社會規範中，使用語言；另一方面，語言是獨特的學科。我們現在只考慮語言的一般用途，因為它對思考習慣的影響，要比對其他有意識的學習習慣，更加深遠。

一般常聽見的說法是：「語言表達思考」，這樣的說法只傳達了一半的真相，而一半的真相，很可能會導致絕對的錯誤。語言確實表達了思緒，但並非主要的思考，而且一開始時，也不是有意識的思考。語言的首要目的是，影響（透過表達期望、情緒和思緒）他人的活動；語言的次要用途，是和他人建立更緊密的社會關係。將語言作為思考和知識的意識載具，則是更次要的，且相對晚期的發展。約翰・洛克認為文字有雙重用途：「文明」（civil）和「哲

> 因此，教育必須將語言轉變為智力的工具

學」（philosophical），完美地解釋了這樣的對比：「就文明的用途來說，我指的是藉由文字溝通思緒和想法，用文字來支持關於文明生活日常事務，和設施的一般對話和交流……。就哲學的用途來說，我指的是用文字來傳遞事物的精確概念，並在概略論點中表達特定及無庸置疑的真相。」

區分語言的實務和社會用途，以及智力用途，闡明了學校面臨的語言能力難題。這個難題是，**指導學生的口說和書寫能力，讓學生主要因實務和社會目的，而使用這些能力，所以這些能力慢慢會成為傳達知識，和協助思考的意識工具**。如果不檢視自發性、自然的動機（語言因為這些動機，得以生氣勃勃、活力十足、栩栩如生，以及變化萬千），我們如何改變語言能力的習慣，以讓它們成為精確靈活的**智力**工具？鼓勵學生原本自發的流動，不讓語言變成反省思考的奴隸，這是相對容易的事；檢視以及幾乎完全摧毀（就學校而言）學生天生固有的目的和興趣，並在某些獨立和專業的事務中，製造人為和正式的表達模式，也是相對容易的事。困難的是，如何將和「日常事務和設施」有關的語言能力習慣，轉變為和「精確概念」有關的語言能力習慣。成功完成轉變需要①擴增學生的字彙；②讓詞彙更確切精準，以及③

擴增字彙，就應該擴增觀念儲備

鬆散的思考伴隨著有限的字彙

建構連貫言談的習慣。

①**擴增字彙**。當然，這需要透過和更多人事物聰明的接觸，才會發生，並在間接聽到，或讀到事物的環境下，匯集文字的意義。用上述任何一種方式領會文字的意義，便是使用智力做出聰明的選擇或分析，並且也擴增了在未來智力活動中，能夠隨時為我們所使用的意義或觀念（參見第p.242）。區分一個人的主動和被動字彙，是很平常的事。被動字彙，包含所有聽到或看到，而理解的文字。而主動字彙，則是那些聰明使用的文字。被動字彙一般要比主動字彙要多得多，這顯示了一定程度的惰性、個人無法自由地掌控一定程度的力量。無法使用原本就理解的意義，代表著依賴外在的刺激，並且缺乏智力的積極主動。這樣的心智懶散，在某種程度上是教育的產物。孩子通常試著使用各種他們學到的新字，學會閱讀時，他們認識了各式各樣不同的詞彙，但一般卻根本沒有機會使用這些詞彙。最終產生的結果，若不是扼殺了心智，便是壓抑了某種心智。再說，在增加和傳達想法時，那些我們沒有積極使用的文字，從來就不明確清楚或者完整。

雖然有限的字彙可能是因為經驗不足，因為和人事物的接觸十分狹隘，而

掌控語言包含掌控事物

無法聯想或要求完整大量的文字，但也可能是因為漫不經心和模糊不清。樂天的心智架構，讓個人厭惡明確的區分，不管是對觀念看法，或是在自己言談中的區分。以文字和事物的關係不甚明確的方式，鬆散地使用文字，心智到達了一種「所有事物都是那個東西，或那叫什麼來著的東西」的狀態。和孩子相關的人若字彙量不足，在孩子的閱讀生活中扮演的角色，便瑣碎又微不足道（這也很常發生在孩子的學校讀本和教科書中），這樣很容易就會終止了孩子心智的洞悉力。

我們也必須注意文字，流暢和語言能力十分不同。侃侃而談，並不一定代表擁有大量字彙，多數談話或甚至對答如流的言談，都能夠在小圈圈中不斷進行。除了不缺乏書籍，多數學校都因教材和設備不足，而不堪其苦，但就連書本也是依孩子所謂的能力或無能，而「加以簡化」。使用豐富字彙的時刻，以及對豐富字彙的需求，也因此受到限制。在教室裡學到的字彙，很大一部分是孤立的；並沒有與在教室外盛行的想法和文字，不可分割地連結起來。因此，擴增通常都有名無實，增加了惰性，而非活耀的意義和詞彙量。

②**字彙的準確性**。增加文字和觀念存量的一種方式，是發現並確定不同的

概略作為模糊以及明顯的通用

意義，也就是說，讓意義更加精準。增加確切性和擴增字彙量同等重要。因為詞彙是來自對事物表面的了解，詞彙的第一個意義，通常含糊不清而籠統。小孩子叫所有的男人：爸爸；因為對狗熟悉，他可能在第一次看見馬的時候叫牠：大狗。雖然注意到量度和強度的不同，但是基本的意義如此模糊，所以它涵蓋了相差甚遠的事物。對很多人來說，樹不過就是樹，只將樹區分為落葉樹和常綠樹，或許還知道一、兩種落葉樹和常綠樹。這樣的模糊不清，很容易持續，並成為阻礙思考進步的障礙。範圍混雜的詞彙，不過就是難用的工具，而且還極端危險，因為它們模稜兩可的推論，讓我們混淆了應該加以分辨的事物。

文字在意義或含意的雙重發展

從原始的模糊不清中，確切詞彙通常朝兩個方向發展：成為代表關係的文字，以及成為代表十分獨特特性的文字（相較於談論過的意義發展，p.238）；第一個方向和抽象思考有關，第二個方向和具體思維有關。據說有些澳洲部落沒有表達**動植物**的字，但是在他們周遭各式各樣的植物和動物，都有特定的名字。字彙的細微度，代表了字彙漸增明確，不過是以單向的方式。辨識了確切的特質，卻沒有辨識關係。[3]而另一方面，學習哲學和自然社會科

文字改變意義，以改變它們的邏輯功能

學通識的學生，易於汲取大量代表關係的詞彙，卻沒有和代表特定個人或特徵的詞彙相互平衡。他們經常使用像**因果關係**、**法律**、**社會**、**個人**、**資本**等詞彙，闡釋了這樣的趨勢。

在語言的歷史中，我們發現文字意義的變化，說明了字彙的兩種發展層面：有些我們加以限制原本廣泛應用的文字，以讓文字代表不同的意義；有些原本很特定的文字，我們則加以擴大以表述關係，英文字 vernacular 代表的意思是方言，是從英文字 verna 擴充形成的，verna的意思是，在主人家出生的奴隸。publication（**出版**）所代表的溝通形式，一開始是有限制的，並藉由印刷品的意義，而逐漸形成了它溝通的涵義。雖然這個字在法律程序上，依然保有較廣義的意義，比如做出（publishing）毀謗的言論。英文字 average（**平均**）的意義，是從用來描述同公司每個人在船難後，按比例分擔損失的相關字詞，

註3 原註：**概略**（general）一詞本身就是個模稜兩可的詞，（在最有邏輯的意義下）代表相關的事物，以及（在自然的使用下）代表不明確的事物、模糊的事物。**概略**，在第一種意義下，代表區分原則或是一般的關係；在第二種意義下，它代表不區分特定或各別的特性。

擴充而產生的。[4]

相似的改變在每一位學生的字彙中發生

這些歷史的改變，幫助教育者欣賞個人的改變，及其智力資源的增進。學習幾何學時，學生必須學會限制和擴展熟悉字詞的意義，比如像**線**、**面**、**角**、**正方形**、**圓形**等字，將它們限制在論證的精確意義中，將它們擴展，以涵蓋在通常使用時不會包括的一般關係。必須排除顏色和尺寸的性質，必須明確地把握方位、方位變化、極限的關係。當然，相似的改變，在每一個學科中都會發生。也就是在這樣的時刻，出現了危險（之前已經略為提及），那就是僅僅將新穎且獨立的意義，加諸普遍意義之上，而不是將普遍和實際的意義，真實地改造為適當的邏輯工具。

專業術語的價值

特意精確地使用詞彙，以表達意義（這是全部也是唯一的意義），這些詞彙被稱為**專業術語**（technical）。就教育目的而言，專業術語代表相對，而不是絕對的事物；因為詞彙並非因為它的語言形式，或它的獨特性，而成為專業術語，而是因為我們使用它，來精準地確立一種意義。為了達成這樣的目的，而特意使用的平凡文字，便有了專業的特質。只要思考變得更準確，（相對）專業的字彙便會發展。老師很常在專業術語的極端間擺盪。專業術語一方面在各個領域都大幅增加，好像假設學習了有著文字描述或定義的新術語，就等於理解了新觀念。等到發現最後大部分的結果，都只是大量孤立文字的累積（行業術語，或是教育行話），並因此阻礙了判斷的自然力量的時候，就出現了另一種極端的回應。驅逐流放了專業術語；「名稱的字詞」（name words）存在，卻沒有名詞（noun）；「動作的字詞」（action words）存在，卻沒有動詞（verbs）；學生可以「拿掉」，但是不能減；他們知道四個五是多少，但是不知道四乘以五是多少，諸如此類。合理的直覺是構成如此反應的基礎：因為厭惡那些提供虛假意義、而非事實的文字。但是，主要困難並不是來自文字，而是觀念想法。如果沒有領會觀念想法，使用較為熟悉的字詞，也不會有什麼收穫；如果了解觀念，使用能夠確切訂定此觀念的詞彙，就可以幫助確立觀念。應該要謹慎小心地使用，代表十分確切意義的詞彙，也就是說，一次只用幾個；我們應該循序漸進地準備這些詞彙，而且必須竭力鞏固能讓意義精準的環

註4 原註：在傑文斯的《邏輯教程》（*Lessons in Logic*）中，有大量闡述這個字義雙重改變的資料。

境。

連貫言談的重要性

③**連貫的言談**。我們已經知道，語言連接和組織意義，並且選擇和確定意義。每一種意義都固定在某種情況下，而每一個具體使用的字，也都屬於某個句子（它本身可能就是一句濃縮的句子），句子則屬於某種更大型的故事、描述或是推理過程。之前已經談論過意義連續性和順序的重要性，所以就沒必要再重複已經說過的話。但是，我們可以談談某些在學校的實踐教學中，易於打斷語言連貫性的方式，並因此有害地阻礙了系統化的反思。

(a)老師習慣獨占連續的言談。很多老師（如果不是多數）在上完一天課後，如果知道他和學生相比的說話量，都會很驚訝。孩子的對話常常局限於用簡短語句，或不連貫的單一句子，回答問題。長篇大論和詳加解釋，則留給老師，老師常常接受學生任何對答案的細微暗示，並且放大他假設肯定是孩子想要表達的意義。因此鼓勵了間歇片斷的言談習慣，因而不可避免地產生了毀滅性的智力影響。

過於枝微末節的問題

(b)過短的課程（通常是為了在背誦時期打發時間），再加上細微的「分析」問題，也有相同的影響。在歷史和文學等學科中，這樣的禍害通常最嚴重，老師常常將教材切割得很細微，分散了屬於事件特定部分的意義一致性、摧毀了觀念見解，並將完整主題簡化為，都在相同層面上的凌亂細節。老師常常沒有注意到，**他的**心智本身擁有、並也能夠提供意義一致性的環境條件，但對學生來說，這些意義都只是獨立的片段。

目標是避免犯錯

(c)孩子堅持不犯錯，而不是想要學習，也很容易中斷持續的言談和思考。孩子有話想說，也因對知識的渴求而想發言，但有時候因為太在意基本的小錯誤，而用掉了應該用在建設性思考上的精力，精力轉變成不能犯錯的焦慮不安，或在極端的案例中，變成消極的沉默，以作為避免犯錯的最好方法。這樣的趨勢，在寫作文、散文和論文的時候，最為顯著。甚至有人慎重地建議小孩子，應該寫些不重要的題目，而且應該用短句寫作，因為這樣一來，他們就比較不會犯錯，而教導高中生和大學生寫作時，課程有時候只局限於教導學生偵測和找出錯誤的技巧。由此而生的自覺和限制，只是這種負面的理想所帶來的部分害處。

第十四章

心智訓練的觀察和資訊

不了解事實就不能夠思考

思考是依序排列題材，據此進而發現題材代表或指稱的事物。若沒有這樣的題材排列，思考就不存在，就像消化若不吸收食物，就無法發生一樣。因此，提供題材的方式是很重要的。如果提供不足或過量的題材，如果題材雜亂無章，或是片段零星，便是對思考習慣產生有害的影響。如果能夠正確做出個人觀察，並和其他人事物適切地交流資訊（不管是來自書本還是語言），邏輯戰爭就贏了一半，因為這些都是獲得題材的管道。

1 觀察的本質和價值

將「事實」本身當作目的之謬誤

在上一章提到，教育改革者反對誇張且錯誤的使用語言，並堅持個人和直接觀察，才是適當的替代方法。改革者認為，現今對語言元素的強調，屏除所有直接了解真實事物的機會，因此必須訴諸感官知覺（sense perception）來填補空缺。不令人意外地，這樣的熱情常常不問觀察如何，以及為什麼具有教育性，因此陷入了認為觀察本身就是目的的錯誤中，並且認為任何條件下的任何素材，都是足夠的。以下的言論彰顯了觀察的孤立：先發展觀察能力、再發展記憶和想像力，最後才是思考能力。這樣的觀點認為，觀察先提供許多粗略的素材，而我們之後才會開始反思這些素材。之前的章節已經提出，簡單具體的思考，不僅是運用物質層面上的事物，管理我們的言談，應該已經很清楚地指出這個觀點的謬誤。

因為關懷他人而擴展自己知悉了解的事物

①所有人當然都希望（相似於好奇心）擴大他們所知悉的人事物範圍。在藝廊裡禁止攜帶拐杖和雨傘的標示，證明了對很多人來說，只是觀看並不足夠，還要拿著拐杖或雨傘指東指西；除非有了某種直接的接觸，否則感覺好像很陌生。這樣對更完整、更嚴密知識的需求，和任何對觀察本身有意識的興趣十分不同。渴求擴增和人事物接觸的範圍、「自我實現」，都是動機。這樣的

興趣是對他人的關懷，是對社會和美學的關懷，而不是認知的興趣。這樣的興趣雖然在孩子身上強烈（因為他們真正的經驗很少，而且他們可能發生的經驗無窮），但假若例行事務沒有削弱此興趣的話，大人也有這樣的特徵。關懷的心（sympathetic interest）提供了方法媒介，乘載並且聯繫事物，不然這些事物就只是大量不同、片段，以及對智力毫無用處的事物。這樣的系統確實是社會和美學的，而不是有意識地需要智力的；但是它們提供了自然的方法媒介，讓我們能夠更有意識地運用智力探索。有些教育者已經建議小學在從事自然研究（nature study）時，抱持對自然的熱愛，以及對美學賞析的培育，而非單純的分析精神。其他教育者則呼籲，要特別重視對動物和環境的照護。這兩種建議都出自經驗，而非理論，但是它們都為前述的理論論點，提供了最佳的例子。

②在正常發展下，特定的分析觀察，原本幾乎只和在進行活動時，必須注意方法結果的需求相連結。當一個人在**做**事的時候，如果希望成功（除非做的只是例行公事），那這個人就不得不使用眼睛、耳朵和觸覺，以指引自己的行為。沒有持續和敏捷的感官運作，即便是遊戲和比賽都沒辦法進行；必須仔細地留意任何的工作形式，不管是設備、障礙、裝置、失敗和成功。感官知覺

為了做事的分析檢查

不會自己發生，或是因為訓練而發生，感官知覺發生，是因為一個人若要成功地做好喜歡做的事，那麼感官知覺就扮演著不可或缺的角色。雖然分析觀察不是設計來作為感官訓練（sense training）的方法，但分析觀察以最經濟實惠又最完全徹底的方式，影響著感官訓練。老師設計了各種不同的教案，以培養敏銳和迅速的觀察形式，比如寫字，甚至是用未知的語言寫字，或是排列數字和幾何圖形，要學生看一眼之後，重新排出一樣的圖形。孩子常常在快速觀看，和完全複製複雜卻無意義的組合中，學到很多技巧能力。但是不管這樣的訓練方式，用來作為偶爾的遊戲或娛樂多有價值，都比不上在使用工具做木工、鐵工，園藝或照顧小動物的同時，對眼和手的訓練要來得有幫助。使用獨立的活動訓練，既沒有成效，也沒有結果，就連習得的專業技巧，也沒有散發力，或是可以轉移的價值。很多人因為無法正確複製手錶上的數字格式和排列，進而批評觀察的訓練，這些人就是沒有了解重點，因為人們看手錶並不是想知道四點是用IIII或是IV來表示，而是想知道現在幾點，而如果觀察確定了這件事，就會發現其他細節並不相關，注意它們只是浪費時間。在觀察的訓練中，目的和動機都是最重要的。

直接和間接的感官訓練

科學觀察和問題相連結

「實物教學」很少能提供問題

③更理智或是更科學的觀察發展，遵循著之前已經論述過的、從實務到理論的反思發展（參見第十章）。隨著問題的出現，並且詳加考慮問題，觀察不再太關注和實務目標有關的事實，而是專注較多於真正和問題有關的事物上。學校裡的觀察對智力通常（比任何其他事物更加）毫無幫助，因為觀察是獨立於它們需要定義，或幫助解決的問題之外進行的。這樣的孤立所帶來的害處，在整個教育系統中都看得到，從幼稚園、國高中到大學。幾乎任何地方在某一個時間點，都會求助於觀察，好像觀察本身就是完整和最終的價值，而不是取得和某些困難，以及解決這些困難相關素材的方法。在幼兒園中，有著對幾何形狀、線、面、立方體、顏色等等堆積如山的觀察。在小學裡，本著「實物教學」（object lesson）之名，幾乎是隨意地選擇客體（比如蘋果、柳丁、粉筆）的形式和特性，並仔細記錄這些形式和特性。相似的觀察也以「自然研究」的名義，發生在葉子、石頭、昆蟲上，並且以幾乎相同任意的方法，挑選這些實物。在高中和大學裡進行著實驗觀察（laboratory observation）和顯微觀察（microscopic observation），好似累積觀察到的事實和習得操作的技能本身，就是具備教育性目標。

將這些獨立的觀察方法和傑文斯的論述做比較，傑文斯認為科學家「只有在希望能夠加以證實理論時，所做的觀察」，才是有效的；而且，「能夠觀察和經歷的事物數量是無限多的，假如只是開始記載事實，卻沒有明顯的目的，那麼紀錄就毫無價值。」嚴格來說，傑文斯的第一段話過於狹隘。科學家觀察並非只是為了測試想法（或是聯想到的解釋意義），也是為了找出問題的本質，並以此做為建構假設的根據。但是傑文斯言論的原則，也就是科學家從不將觀察的累積視為觀察的目的，並認為觀察是做出一般智力結論的方法，是完全合理可信的。除非教育界能廣為接受這個原則，不然大部分觀察就僅僅是乏味的無益之工，或僅僅是學會了無法作為智力資源的專業技能。

2 學校的觀察方法和教材

學校所使用的最佳方法，對觀察在心智訓練中的定位，提出了許多建議。

①學校教育的主要假設是，觀察是積極的過程。觀察是為了發現之前是隱藏和未知的事物，進而探測、探索；需要發現某種事物，才能夠達到某種目

以及逐漸展開的懸疑

的，不管是實務或理論的目的。觀察必須和辨識（recognition）或是察覺已經熟悉的事物區分。辨認某種已經理解的事物，當然在更進一步的調查中，扮演著不可或缺的角色（參見p.255）。但是，這是相對自動化且消極的，而適當的觀察是尋找和刻意的。辨識是指認出已經知曉精通的事物；觀察則和掌握未知的事物有關。一般的概念，認為知覺就像在白紙上寫字，或者像在蠟上蓋上印章，抑或是像在照相底片上形成影像一樣，在腦海中烙印了圖像（這些概念在教育方法中，帶來了不少災難），這都是因為無法區分自動化的辨識，和真正觀察的尋求態度。

②若我們考量在故事或事件發生後的熱切和仔細觀察，那便有助於我們選擇適於觀察的素材。觀察的警覺在「對情節感興趣」（plot interest）時，達到巔峰。為什麼？因為新和舊、熟悉和意外的平衡結合。我們等待著說故事者的情節後續，因為故事的情節懸疑。不同情節娓娓道出，卻含糊不清，所以我們問：「接下來會發生什麼事？」事情會如何發展？孩子注意到故事所有顯著特質時，所表現的輕鬆自在和全神貫注，對照著他對某些死氣沉沉、靜止不動事物費力且貧乏的觀察，在這樣的情況下，沒有任何事物能夠讓孩子提出問題或

聯想到其他結果。

當一個人專注在做或是製造某樣東西時（並非那些十分機械化，且習慣性、有確定結果的活動），那便有了相似的情況。某種東西會從當下感知的事物中出現，但究竟是什麼卻無法確定。情節逐漸往成功或失敗發展，但也不確定何時，以及如何發展。因此有了對環境和結果，強烈且專注的觀察，並有著建設性的體力活動。如果主題讓人抽離、漠不關心，相同的運作原則也適用。可移動的事物吸引注意力，而不動的事物不會受到注意，這是司空見慣的事。可是大多時候，學校教育好像是特意剝奪教材的生動和震動人心的特質，讓觀察變為死氣沉沉和了無生氣的形式。不過，只靠變化是不夠的。變換、變動、動作都會激發觀察，可是如果它們只是激發觀察，那並沒有思考。變化（就像完美安排的故事或情節）必須以某種漸增的次序發生，每個連續的變化，都必須同時讓人想到前面的改變，並在後續變化中引發興趣。這樣對變化的觀察，才會是有邏輯，並富有成效的。

「對情節的興趣」展現在活動中

在成長的循環中

活著的生命、植物和動物，都在某種非凡程度上滿足此雙重要求。只要有成長，那便有了動作、變化、過程，並且在循環中也有著對變化的排列組合。

對構造的觀察，來自於對功能的注意

前者激發觀察，後者組織觀察。小孩對種植種子，並觀察種子生長階段的那股濃烈興趣，大多是因為這就像一場在他們眼前上演的戲劇；某個東西在行動，每個階段都對植物的命運至關重要。檢視最近幾年，在植物學和動物學教學中的重大實際進步之後，會發現在這樣的進步中，我們將植物和動物，視為會行動的生物、會做事的生命，而不僅僅是了無生氣的，有著靜態特性、需要加以儲藏、命名和記錄。以後者的方式看待觀察，觀察就不可避免地變成了錯誤的「分析」（參見p.256），成為單純的查究和列舉。

當然，對事物單純靜態特性的觀察也占有一席之地，地位還十分重要。但是，當主要的興趣是在**功能**上時、是在事物能做什麼時，那麼便有了需要更細微分析研究，和觀察**構造**的動機。注意活動的興趣，不知不覺地變成注意活動如何進行的興趣；對實現結果的興趣，轉變成對實現結果的工具的興趣。但是，如果一開始觀察的是形態、結構、對形式、尺寸、顏色的注重，和各部分的分布，那麼所觀察的材料就一點都不重大深遠，是死氣沉沉和沉悶乏味的。孩子對植物**氣孔**（stomata）的呼吸功能感興趣，當然就會專注地尋找植物的氣孔，就像孩子如果只認為氣孔是植物構造獨立的特點時，要他們仔細注意氣孔，當然只會讓他們反感。

科學的觀察

③當觀察的興趣中心變得較不個人，和影響自身目標的方法較不相關、比較不美學、比較不關乎影響整體情感的各個部分時，我們就會更加注意到，觀察需要智力的特質。學生學習觀察以便(a)找出他們所面臨的困惑為何。(b)為因觀察所產生的困惑特性，推想假設的解釋。(c)測試因此而聯想到的想法。

應該要廣泛並且聚焦

簡而言之，觀察在本質上成為科學的，而這些觀察必須遵循一種介於廣泛和聚焦之間的韻律。在大量並有些鬆散地汲取相關事實，以及細微精確地研究某些選擇的事實之間交替，問題變得明確，讓聯想到的解釋變得顯著。比較廣泛，沒那麼確切的觀察，有其必要性，可以讓學生感受到探索領域的真實，感覺到探索的各個層面和可能性，並在心智中儲存能將想像力轉變成聯想的素材。聚焦的研究有其必要性，可用以界定問題，以及取得實驗測試的環境。後者本身太過專精，無法激發智力成長，前者則本身太過粗略和分散，無法控制智力的發展。在生命科學中，實地研究、遠足、了解居住在自然棲息地的生物，與實驗觀察和顯微觀察交替。在物理科學中，在寬廣自然（地文環境）下的光、熱、電、濕度、重力現象，應該也能夠在實驗控管的環境下，精確地研究。這樣一來，學生從發現和測試的專業科學方法中獲益，同時保留了他對實驗過程的見解，和大量戶外的事實，因此便不會認為學到的事，實都來自實驗的觀念（這樣的觀念常常累積增長）。

了解傳聞的重要性

3 資訊的交流

如果一個觀察者什麼都做了也說了，那觀察者本身能夠接觸的事實領域便是有限的。在我們的每個信念中，即便是那些必須在最私人、直接了解的環境下，所產生的信念，大多是不知不覺地來自我們聽過，或讀過的他人觀察或結論。不論學校多麼廣泛地擴展直接觀察，教育主題很大的一部分，是來自其他資源，來自教科書、教學以及口頭交流。如何藉由學習他人所傳達的訊息，以獲取最有邏輯的結論，是最重要的教育問題。

邏輯上來說，這只是證據或見證

毫無疑問地，教學（instruction）一詞的主要意義，是傳達和灌輸他人的觀察和推論結果。同樣毫無疑問地，在教育中，過分強調累積資訊（參見

他人的溝通交流，不應該侵害觀察

不應該用教條的語氣

p.98）的理想，源自於對他人學識的注重。問題是如何將資訊轉變為智力的資產。用邏輯的詞彙解釋，來自於他人經驗的材料是**見證**（testimony），也就是說，這是由他人所提出的**證據**（evidence），個人根據自己的判斷加以使用，以便做出結論。我們應該如何看待教科書和老師所提供的主題，才能讓它們成為反思探索的教材，而非馬上就囫圇吞棗相信的現成智力食糧，就像從店裡買來的現成食物一樣？

要回答這個問題，我們可以說①我們**需要**這些和他人溝通交流，而獲得的資料，也就是說，資料應該是無法由個人觀察而輕易獲取。如果學生可以直接探索而發現事實，但是老師或教科書卻把這些硬塞給學生，那就是培育了心智的奴性，而侵犯了學生的智力完整性。這並不代表來自和他人溝通交流的資料，必須貧乏罕見。倘若有著最大限度的感官範圍，那麼自然和歷史世界幾乎是無限延伸的。但是，應該要仔細選擇，並且慎重地保護直接觀察能夠接觸的領域。

②資料應該以刺激的方式提供，而不是有著教條般的不可改變性和嚴格死板。當學生知道學術領域已經明確地研究過了，關於學術領域的知識是徹底詳

應該和個人的問題有關

並且和先前的經驗系統相關

盡和拍板定案了，他們可能還是會聽課，但是他們已經不再學習。不管怎樣的思考都**是**思考，都有著獨創性的階段。這樣的獨創性，並不代表學生的結論和其他人的相異，當然更別說是完全新穎的結論了。他的獨創性和他人大量使用的材料，以及提出的聯想相符。獨創性代表個人對問題的興趣、自己主動思考他人所提出的聯想，以及誠摯地遵循貫徹聯想，而獲得測試過的結論。如果完全按照字面的意思解釋，「為自己思考」一詞是贅述，因為任何思考都是為了自己。

③由資訊所提供的資料，應該和學生自身經驗中極其重要的問題相關。前面已經論述過了，本身是開端，也是目的的觀察，所帶來的禍害，這樣的害處可能會原封不動地轉移到和他人溝通交流時的學習。主題教學若不能切入學生經驗到的任何問題，或是呈現方式無法啟發問題，這樣的教學對培養智力而言，比毫無用處的教學還要更糟。因為它無法進入任何反思的過程，所以它沒有用；因為它在心智中不過就是雜物和殘骸，是障礙，是問題發生時有效思考的阻礙。

另一種敘述同樣原則的方式是，由溝通所提供的資訊，必須能夠進入已經存在的經驗系統或組織。心理學的學生對統覺（apperception）原則不陌生，統覺原則是用我們從先前經驗中，已經吸收和保留的事物，來理解新的題材。在來自學生直接經驗的事物中，都應該要有老師或教科書，所提供的「統覺基礎」（apperceptive basis）。老師常常只聯結學校的教材和先前課程的教材，而不是聯結學校的教材與學生在校外學習到的事物。老師說：「你不記得，我們上禮拜從課本裡學到的東西嗎？」而不是說：「你不記得，你看過或聽過的某樣東西嗎？」所造成的結果便累積了分離和獨立的學校知識系統，只是了無生氣地將這樣的系統加諸在經驗的一般系統之上，而非回應並擴大和精煉經驗系統。學生被教導要活在兩個不同的世界中，一個是校外經驗的世界，另一個是書本和課程的世界。

第十五章 授課和思考訓練

授課的重要性

在授課（recitation）時，老師和學生最為接近。老師授課時，重點集中在引領孩子的活動、影響孩子的語言習慣，以及引導孩子觀察的可能性。在討論授課作為教育工具的重要性時，我們也藉此評估前三章討論過的論點，而不是帶進新的論點。授課進行的方式，決定老師判斷學生智力狀態的能力，以及老師提供能夠引起適當的心智回應環境的能力，簡言之，就是測試老師的技巧和本領。

授課和反思

授課一詞代表老師和學生間、以及學生和學生，最密切的智力接觸，這是十分重要的事實。複述（re-cite）是重新敘述、重複、反覆地說著。如果我們稱這個階段為**重申**（reiteration），這樣的名稱和**授課**一樣，幾乎都無法清楚說明在這樣的情況下，老師的教導能夠藉由要求學生必須描述二手資訊，以及藉由為了在恰當時間做出正確回覆而熟記，來徹底掌握大局。本章節的首要事實是，授課是刺激與指引反思的地點和時間，而製造記憶只是在培育思考態度過程中的意外，儘管這是不可或缺的意外，而與此相較之下，本章的其他任何事物都微不足道。

赫爾巴特對教學方法的分析

1 教學的正式步驟

但是，已經有幾種根據通則，而建構授課方法的嘗試。其中有一種方法十分重要，對「聽課」（hearing of lessons）的影響，或許比其他所有方法加總的影響，都還要深遠，那就是赫爾巴特[1]對授課的分析。赫爾巴特將複述解析為五個連續的步驟，一般稱這些步驟為「教學的正式步驟」。其基本的概念是，不管科目的範圍，或是細節內容，有多麼的不同，我們都有一種，並且也是唯

註1 Herbart，Johann Friedrich Herbart，一七七六～一八四一，十九世紀德國哲學家、心理學家，科學教育學的奠基人。

一種方法能夠精通掌握科目，因為心智一致地遵循著一種單一的「普通教學法」，並能有效處理應對任何科目。不管是一年級孩子理解基本的數字、文法學校[2]的孩子學習歷史，或是大學學生研讀哲學，在每一個案例中，第一個步驟是準備（preparation），第二個步驟是呈現（presentation），接下來是比較（comparison）和總括（generalization），最後是將通則運用至特定和新的例子上。

準備的意思是，問學生問題，讓學生想起他們本身熟悉的經驗，能在學習新的主題時有所幫助。一個人已經知道的事物，能夠提供了解未知事物的方法。因此，如果對學生的心智激發，並讓他清楚意識到相關的想法，學習新事物的過程，就會比較容易。當學生開始學習河流時，老師會先問學生，他們已經知道的小河和小溪，如果他們從來沒看過小河或小溪，老師可能會問他們：排水溝裡流動的水。以某種方式激起「統覺團」（apperceptive mass），並能夠幫助了解新的科目。準備的步驟在陳述課程目標的時候結束。舊知識重新活躍，新教材則「呈現」於學生面前。老師展示河流的圖片和地形模型（relief model），講述栩栩如生的描繪；可能的話，還帶著孩子去看真正的河流。在這兩個階段中，學生便習得特定的事實。

接下來的兩個階段，旨在獲得總括的原則或觀念。當地的河流或許會和亞馬遜河、聖羅倫斯河以及萊因河相較，藉由這樣的比較，便排除了偶然和不重要的特性，並形成河流的**觀念**：匯集並建構包含在河流意義裡的元素。建構完成了之後，在心智中就確立了所產生的原則，並且能將原則應用在其他河流上，比如泰晤士河、波河、康乃狄克河，原則因而更清晰明確。

和我們之前對反思的分析相比

如果我們將這種教學方式的說明解釋，和我們自己對思考完整運作的分析相比，會發現兩者明顯的相似處。在對思考的分析說明中（和第六章相較），「步驟」包括：問題或迷惑現象的發生；之後是觀察、檢驗事實、找到並釐清問題；再來是建構假設，或是聯想到可能的解決方法，以及用推論闡述聯想的細節；接下來是使用詳盡闡述的想法，引領我們開始新的觀察和實驗，以測試想法。在每一次的分析中，都有一系列的①特定事實和事件，②想法和推理，

註2 grammar-school，在英國是指傳統中學，主要提供大學預備課程，而非職業訓練（綜合中學、職業先修中學等）；在美國是指舊式中學及小學。

以及③結果對特定事實的適用性。在每一個案例中，活動都是歸納，也是演繹的。我們也發現了相異之處：作為整體過程的起源和刺激，赫爾巴特法並未考慮到一個困難點，也就是需要加以解釋的不一致。因此，赫爾巴特法常常好像只將思考，看作是在習得資訊過程中的事件，而不是認為資訊的習得，是發展思考過程中的事件。

正式步驟和老師的準備有關，而不是授課本身

在更進一步詳盡地談論上述的比較之前，我們先自問，雖然這些步驟已經是公認的正式邏輯順序，但授課是否無論如何都應該遵循這一連串規定好的步驟？回答此問題的答案是，順序有邏輯，代表的是已經了解題材的人審視過這項題材，但這不是正在學習的心智所追隨的進步。前者描述一個筆直的過程，後者則必須是一連串的方法步驟、來來回回的曲折活動。總之，正式步驟是老師在準備授課時，需要涵蓋考慮的點，但是正式步驟不應該規定真正的教學過程。

老師的難題

如果老師沒有任何準備，那當然就會教出隨便任意的授課，授課的成功取決於當下的啟發，或許會，也或許不會發生。只準備教材會產生嚴苛的順序，老師根據學生對文本的確切知識，來檢視學生。但是，身為老師所面臨的

任何步驟都可能會先開始

難題，並不是如何精通掌握教材，而是調整教材，以培育思考。正式步驟完美地提出了，老師在解決教學難題時應該問的問題。我的學生已經做了哪些，可以幫助學習這個科目的準備？他們有哪些熟悉的經驗？他們學過的事物中，哪些可以幫助他們？我應該要如何表達，才能經濟實惠，並有效地讓這個教材融入學生現有的知識中？我應該要給他們看什麼圖片？我應該要他們注意什麼實物？我應該講述什麼事件？我應該引導他們做出什麼樣的比較？辨認出什麼樣的相似處？所有的討論應該導向什麼樣的通則，以作為結論？我應該嘗試什麼樣的應用方法，以確定、釐清，並讓他們真正理解這個通則？他們本身的什麼活動，能讓他們更清楚明白這個通則，是真正重要的原則？

如果一位老師已經有系統性地考慮過這些問題，他就不可能會教得不好。但老師愈能夠根據這五個步驟所提出的立場，反思學生對題材可能的智力回應，他就愈能夠用靈活自由的方式授課，並且不會讓學科支離破碎，也不會讓學生的注意力雲遊四海；他也會發現，不必要為了維持智力順序的假象，而必須遵循某種一致的體系。老師隨時能夠善用來自四面八方的重要回應徵兆。學生可能已經大概知道（很有可能是錯誤的）一個通則。或許對通則的應用，在一開始就發生，以告訴學生這個原則不管用，因此引發了學生對新事實和新通則的尋求。或者，突然呈現的某些事實或客體，刺激了學生的心智，讓預先的準備變得多餘。如果學生的心智在運作的話，就不太可能會等到，老師認真盡責地帶領他們，走過準備、呈現和比較的步驟之後，才開始建構一個至少可用的假設或通則。再者，除非熟悉和非熟悉事物之間的比較，一開始就發生了，否則準備和呈現就會漫無目標、是沒有邏輯的動機、並且孤立和毫無意義。我們不可能完全地準備好學生的心智，所以只能根據某個特定事物準備學生的心智，準備通常是激發關聯性最好的方式。

因此，強調的重點，便會集中在能夠幫助了解新事物的熟悉觀念，以及能夠定義問題的新事實上；但是在上述的任何例子中，是比較和對比之間的相互比較和對比，賦予了比較和對比力量。簡言之，將邏輯步驟從老師需要考慮的要點，轉變為教導授課時一致的連續步驟，便是將已經了解學科的心智，所抱持的邏輯，強加於努力想要了解學科的心智上，因此阻礙了學生本身心智的邏輯。

2 授課的要素

先記住正式步驟所代表的是，在學生的進步中交織在一起的要素，而不是在平坦高速公路上的里程標，我們就可以分開考量各個步驟。這麼一來，赫爾巴特法的眾多例子就很適用，並且能夠將步驟縮減為三步：第一，了解特殊或特定的事。第二，理性地總括。第三，應用和證實。

準備是了解問題的含意

一、和特定事實有關的過程，是準備和呈現。最好的準備，當然是能夠讓人想到，某種需要解釋的事物、某種未預期、困惑、奇怪的事物。當心智真實地感到疑惑，不論感覺如何而生，心智就變得警覺和好奇，因為它由內在受到刺激。問題的震驚、刺激，讓心智走向任何它有能力到達的地方，這比多數無法激發此種心智熱誠的精巧教學方法要更好。問題的含意，使得心智檢視並記起過去的事物，進而發現問題代表什麼意思，以及如何解決問題。

準備的危險

老師在有意地嘗試引出學生經驗中熟悉的要素時，必須要防範某些危險。①準備的步驟不能持續過長，或太過詳細透徹，否則就喪失了原本的目標。當學生太過投入於準備時，便會失去興趣、覺得無聊乏味。某些認真盡責的老師，花在授課準備過程上的時間精力，讓我們想到了那個為了跳得很遠，而助跑很遠的小男孩，等他終於到達起跳線，已經累得跳不起來了。②我們的習慣，是我們用來理解新題材的工具。太過縝密地堅持將習慣轉變為有意識的想法，便干涉了習慣的運作方式。有意識地辨識熟悉經驗中的某些要素的確必要，就像某些植物需要移植才能長得更好。但是不斷挖掘經驗或植物，看看它們進展得如何，卻是十分致命的。限制、自覺意識、難堪，都是太過注重改良熟悉經驗的後果。

課程目標的陳述

精確的赫爾巴特法，通常認為老師陳述課程的目標，是準備中不可或缺的一部分。但是，對課程目標初步的陳述，看起來似乎並不比按鈴，或任何其他為了將分心思緒從其他科目上拉回來，以吸引注意力的方式，更需要智力。對老師來說，陳述目標是重要的，因為他已經達成過目標；對學生而言，陳述他**將會**學到什麼，根本就是自相矛盾又荒謬的言論。如果老師太過認真地看待目標陳述，不僅僅認為陳述是吸引注意力的方式，那麼很可能就會預先阻斷了學生的反應，免除了他發現問題的職責，也因此抑制了他的心智主動性。

不需要再多加討論呈現在授課中的角色，因為在上一章說明觀察和溝通

老師應該講解或示範多少

時就已經討論過了。呈現的功能是，供應強調問題本質的素材，以及提供解決問題的聯想。老師在現實中所面臨的難題是，講解和示範太少，就無法刺激反思；而講解和示範過多，則抑制了思考；要如何在兩者之間取得平衡。假設學生真的對某個主題很有興趣，也假設老師願意提供學生足夠的空間，決定他想要吸收和記得的事物，而不嚴苛要求學生必須學會並重複所有事物，那麼本身充滿熱情的老師，對主題溝通交流過多的危險，就相對較低。

二、如同我們已經看到的，藉由比較和對比的結合，在闡述想法或是初步假設（假設在想法明確及成形時，便不再是假設）時，反思探索的特殊理性階段便開始。

學生做出合理案例的責任

①就授課而言，基本的要求是，學生必須在腦中解決所有聯想到的原則，表達原則所表示的意思、它如何影響手中的事實，以及手中的事實如何影響它。除非學生必須自己負責發展，所提出猜測的**合理性**（reasonableness），不然授課在推理力量的訓練中，就毫無幫助。聰明的老師很容易就學會，如何捨棄學生不適當且無意義的言論；以及選擇並強調，那些和希望達到

結果一致的言論。但是這樣的方法（有時被稱為「誘導式發問」〔suggestive questioning〕），讓學生除了在機敏地遵照老師的指示時，需要動腦之外，其他時間根本不用動腦。

心智安逸的必要性

②如果沒有暫時停駐、如果不能不受干擾，那便不可能將模糊以及大致隨意的想法，轉變為連貫和明確的形式。我們說：「停下來並思考」，所有的反思，在某個時刻都需要停止外在的觀察和反應，這樣想法才能成熟。冥想，從喧鬧的感官刺激中、從明顯的行為需求中抽離或抽身，在推理階段是必要的；就像觀察和實驗，在其他階段中也是必要的。想到理性解釋的時候，心智很自然地就會想到消化和吸收的比喻，而這樣的比喻很具教育意義。比較和衡量不同的聯想，以便沉靜並不受干擾地改變考量，在發展連貫和簡潔結論時不可或缺。推理不是爭辯或是爭論，也並非突然地贊同和捨棄聯想，就像消化不是吵雜的咀嚼一樣。老師必須保衛心智從容不迫的消化機會。

典型的中心客體是必要的

③在比較過程中，老師必須要防止，心智因為數個事實都同等重要，而分散了注意力。既然注意力是選擇性的，某個客體通常主導思考，並提供思考和推論開始的中心。對致力於提供心智一系列同等重要的客體，並依此做出比

較的教學法來說，這樣的事實對其成功十分有害。比較的時候，心智並不會自然地從客體**a**、**b**、**c**、**d**開始，並且試著發現每個客體相符的層面。心智是從意義或多或少是模糊，和不完全的單一客體或情況開始的，並且涉獵其他客體，以清楚一致地了解核心客體。單純增加比較的客體，對成功的推理是不利的。每一個被帶進比較領域的事實，都應該能夠釐清主要客體的某些隱晦特性，或是擴展主要客體片段的特性。

類型的重要性

總之，我們應該要努力了解，思考所集中注意的標的，是**典型**的：就算資料是獨立或特定的，只要資料能夠輕易，並有效地令人聯想到事實的整個類別的原則時，就是典型的。沒有任何神智清楚的人，一開始就思考所有或全部的河流，他會先從一條具備令人疑惑特性的河流開始，接著研究其他河流，以解釋這條河流令人困惑的特性；同時，他也會運用原本那條河流的特徵，來解釋跟其他河流有關的各種細節。這樣的來回思考，保存了意義的一致性，同時也讓意義不過於單調和狹隘。對比、相異，讓重要的特性變得明顯，而這些特性則變成將不同特徵連結成條理清楚，或連貫意義的工具。獨立特定事物的無益影響，以及單純正式原則的徒勞無功，都不會阻礙心智。特定的案例和特性，提供重點和具體性；而通則將特定事物轉變為單一系統。

所有對意義的見解都影響總括

④因此，總括並不是獨立和單一的行為；它是在完整討論或授課中，持續的趨勢或功能。對因為獨立而令人費解的事物加以理解、解釋和結合的想法，構成如此想法的每一步都是概略的。小孩子總括事物的方式，跟青少年和成人同樣確實，即便他無法做出相同的綜合論述。孩子在學習河流流域時，他的知識是概略的，因為他所知道的細節，是單一力量的影響作用，比如水因重力往下流，或是被認為是單一結構歷史的連續階段。就算他只知道一條河流，在這樣情況下的知識，便是總括的知識。

對意義的見解需要建構

在總括中涉及的建構、有意識敘述，應該是持續的功能，而非單一正式的行為。定義（definition）本質上，就代表意義不再模糊，而變得明確（definiteness），應該只在意義穩定地抵達最高獨特性時，才能獲得這樣最終的文字定義。回應現成的文字定義和規則時，絕對不能擺盪至另一個極端，也就是忘了總結因為應對處理特定事實，而生的意義。只有不時做出總括的總結，心智才能做出結論或暫歇，只有在做出結論後，才會有可以有未來理解事物的知識存量。

總括代表著能夠運用在新事物上的能力

三、之前已經論述過了，應用性和總括是緊密相關的。我們可能不需要明確地辨識原則，就可以更進一步地使用機械化的技能，而且，在慣常和狹隘的技術事務中，有意識的構思可能成為阻礙。但是，若不能知悉原則，不能總括，所獲得的力量就無法轉移到新的、相異的事物上。總括固有的重要性是，它讓意義不再受限於局部的限制；更確切地說，總括**就是**無拘無束的意義，是掙脫偶然特性束縛的意義，所以意義在新的案例中仍能夠適用。假若所謂的原則無法自然地延伸擴展，那麼這樣的通則，就肯定是虛假的（在文字上是總括的，卻沒有洞悉意義）。總括事物的精髓，就是它的適用性。（參見p.53）。

僵化和彈性的原則

那麼，運用規則和原則的真正目的，便不是一再地重複這些規則和原則，以便能夠對想法或原則提出合適的見解。若是認為應用是獨立的最終階段，這是十分危險的。在每一個判斷中，某些意義是預估和解釋某些事實的基礎；藉由應用意義，便擴展和測試了意義本身。但如果認為總括的意義本身是完整的，那麼就會認為應用是外在、非智力的，只是為了實際的理由，而認為應用意義是適當的。原則本身就是完備的事物，使用原則是完全獨立的另一回事。一旦發生這樣的分離，原則就變得僵化且死板，失去了固有的生氣，也就是自我推進的力量。

自我應用是真實原則的特徵

真正的觀念是**不斷改變**的想法，它尋找出口，或是對特定事物解釋的應用，以及對行為的指引，就像水往下流一樣自然。總之，反省思考的開始，需要觀察特定的事實以及行為，它的結束也需要特定的事實和行為。「粉飾法」（glittering generality）因為是虛假的，所以了無生氣。應用是真實反省探索固有的一部分，也是敏銳的觀察或推理。真正的通則能夠自我應用。老師當然需要提供合適的條件，好讓學生使用和運用，但是如果必須任意地創造人為活動，以保障原則的應用，那便是錯誤的。

第十六章 一般性結論

我們現在要討論一些彼此應該互相平衡的思考因素，這些因素應該要互相合作，反思的探索才會更有成效；但這些因素卻常常太過獨立，而互相牴觸。藉由討論這些思考的因素，我們將總結本書對我們如何思考，以及應該如何思考的探究。

1 無意識和有意識

了解是無意識地斷定

了解（understood）一詞的其中一個意義是，徹底精通領會、完全同意某一個事物，而能夠**斷定**（assumed）；也就是說，不需明確的表述，就認為它

探索是有意識的構建

是理所當然的事。我們都不陌生的「自不待言」，代表「眾所皆知」。如果兩個人能夠有智慧地彼此溝通，那是因為共同的經驗，提供了相互理解的基礎；在這樣的基礎上，兩方闡述各自的言論。想要找出或建構這樣的共同基礎，是愚蠢至極的；因為某件事物「眾所皆知」，代表著它做為合理交換想法的當然媒介，默默提供和暗示某件事物。

但是，如果兩個人發現彼此相互誤解，那麼找出和比較兩方言論，所根據的假設、隱含的背景，就是必要的。隱晦的事物變得明顯；並有意識地闡明無意識中斷定的事物。這樣一來，便去除了誤解的根基。無意識以及有意識之間的韻律，存在於所有富有成效的思考中。追尋一連串連貫思緒的人，會認為某種想法系統是理所當然的（因此便不會表述這樣的想法，所以是「無意識的」），他在和其他人溝通時也是如此。某些環境背景、某些情況、某些控制的目的，完全主導著一個人明確的想法，所以不需要有意識地建構和解釋。明確的思考會在受到暗示，或已經了解的事物限制中發生。但是，反思肇因於難題，因此在**某一個時間點**，就需要有意識地檢驗，或查看此熟悉的基礎。我們必須將某些無意識的假設變得明確。

取得平衡並沒有規則可言

應該要避免分析過度

我們無法設下規則，規定如何在心智生活的這兩個階段中，取得適當的平衡和韻律。無意識的態度和習慣自然地運作，在明確地知道態度和習慣，所隱含的事物為何之前，我們無法規定在哪一個時間點，必須查驗無意識的態度和習慣。沒有人能夠完全知道分析的檢驗和說明，應該進行到何種程度。我們可以說，檢驗和說明必須達到，個人能夠知道、他將會也能夠指引自身思考的程度；但是在特定案例中，這程度到底有多大？我們也可以說，檢驗和說明必須達到，能夠偵測和抵制某些錯誤觀念或推理的程度，並且在檢視時產生影響；但是這樣的論述，不過是重述了原本的困難。因為我們必須依靠個人在特定案例中的意向和技巧，因此，培育能夠在有意識和無意識之前維持巧妙平衡的心智，便是教育成功最重要的試驗。

先前批評為錯誤「分析」教學方法的教學方式（參見p.211），都犯了同樣的錯誤：如果某些事物無意識的態度和初步的假設，更加有效益，我們卻注意和說明它們。只是為了察覺事物、只是為了解釋說明，而探測熟悉、平常以及自然的事物，會產生不適當的推論，並讓人覺得無趣乏味。被迫要詳細論述已經習慣的事物，會導致怠惰厭倦的態度；而使用具備如此趨勢的教學方法，

發現錯誤、獲取真相，都需要有意識的論述

便是有意地抑制學生的興趣。

在另一方面，對一成不變技能的批評、真實問題的重要性、提供新事物的重要性，以及累積總括意義的重要性，這些之前已經談論過的議題，存在於天平的另一端。無法察覺某些錯誤或失敗的成因，以及不必要地探測什麼事物進行順利，都不利於好的思考。過度簡化、為了立即的技能，而屏除新事物、為了不犯錯，而躲避障礙，對學生是有害的；就像要他們說明，所有他們知道的事物，以及闡述在達成結果的過程中，所運用的每一個方法步驟，這對學生也是有害的。若有問題存在，檢視就在所難免。若需要領會主題，才能有效地在未來的題材中運用主題，那麼有意識的考量和概述，就是必須的。剛開始學習科目的時候，儘管冒著隨機實驗的風險，也可能會允許學生許多不加限制的無意識思考；在較後期，則會鼓勵學生有意識地說明和審視。預測和反思（也就是直接開始思考，並在之後回頭審視思緒）應該相互交替。無意識提供了自發性和新穎性；意識則提供了信念和控制。

2 過程和結果

重述遊戲和工作

在心智生活中，過程和結果也有著相同的平衡。在談論遊戲和工作時，我們已經討論過維持這個平衡的一個重要階段。在遊戲的時候，興趣圍繞著活動，並沒有多加考慮活動的結果。行為、影像、情緒的順序組合本身就已足夠。工作的時候，結果才是焦點，並也控管對方法的注意力。既然遊戲和工作，是因為興趣注重的焦點不同而相異，這便是在比較兩者，所強調注重的事物，而不是比較兩者的差異。如果因為過於注重活動或結果，而讓遊戲和工作變得互不相關，那麼遊戲便只是閒混（fooling），工作則單調沉悶。

遊戲不應該是閒混

「閒混」的意思是，因為幻想和機遇，而產生的一連串零碎短暫且過剩的活力。在一系列組成遊戲的想法和行為中，如果沒有任何和結果相關的事物，那這一系列中的每個想法和行為，就跟彼此毫無關係，並且變成荒誕不羈、隨心所欲、毫無目標的幻想，這就產生了單純的閒混。孩子和動物都有閒混的習慣，但是閒混也不是完全不好的，至少閒混不會讓人一成不變。不過要是閒混得太多，行為結果就會消散並且崩解，而唯一防止這樣後果發生的方法，便是留心注意遊戲所產生的結果，即便是最自由奔放的遊戲，都要留心注意它所產生的結果。

工作也不應該單調沉悶

若只對結果有興趣，就讓工作變得單調沉悶。單調沉悶在這裡的意思是，對於結果的興趣並未出現在達成結果的工作方法中。一旦工作變得單調沉悶，做事的人便失去了做事的價值：他只在意最終應該得到的結果。工作本身（也就是必須花費的精力）是令人厭惡的，它是為了要達成更重要的目的，而不得不做的事。在這世界上，需要完成的事物很多，可是要做的事本身並非十分有趣，這當然是很常見的。然而，認為孩子應該還是要做單調沉悶的工作，因為這樣一來，他們就能夠學會乖乖做好討厭的事，這是大錯特錯的謬論。因為如果將討厭的事物強加在孩子身上，只會讓他們嫌惡、退縮和逃避，並不會因此而乖乖地做事。因為重視結果的價值，才會為了達成目的，而願意做本身不吸引人的工作，價值的意義轉變為達成目的的方法手段。方法手段本身不令人感興趣，但是因為所達成的結果而受到注意。

玩樂和認真之間的平衡，是最佳的智力狀態

將工作和遊戲、結果和過程分開，對智力造成的傷害，可以由一句諺語印證：「只工作不遊戲，聰明的孩子也變笨。」（All work and no play makes Jack

自由的心智

在童年時期是稀鬆平常的

a dull boy）這句諺語反過來說，也是對的。這就足以顯示：閒混實際上十分容易讓人變得愚蠢。同時好玩又認真是有可能的，這便是心智的最佳狀態。心智自由思考主題，少了教條主義和偏見，多了知識好奇心和彈性。讓心智如此自由遊戲，並非鼓勵心智對主題不認真，而是讓它想要靠著自己的力量了解學科，不單只是遵從先入為主的信念，或慣常的目標。心智是開闊的，相信思考能夠維護自身的完整性，不需要外在的支持和專斷的限制。因此，自由的心智是認真的，真切地遵循著主題的發展。自由的心智並不粗心草率，因為它精準地記錄每個結果，而可以在未來加以使用。對真相感興趣，當然是重要的，而這種純粹的興趣跟對思考自由遊戲的熱愛一致。

因為社會環境通常要嘛過於豐裕，因此讓人無所事事地閒混，或者有太多的經濟壓力，而讓工作單調沉悶。雖然看似不像這麼一回事，但是在童年時期，孩子通常能夠完美地結合自由心智遊戲和思考，他們這種成功的結合就代表著，孩子專注的深思以及對未來的無憂無慮，同等重要。活在當下，便能夠獲得當下深遠的意義。因為把握當下，而豐富了孩子的心智，這是童年所留下的遺產，並能夠保障未來的成長。孩子要是太早就被逼著考量長遠的利益結果，或許在某一方面會發展出驚人的敏銳機智，但是過早發展專業知識，最後付出的代價是變得冷漠遲鈍。

藝術家的態度

遊戲創造藝術，這是很常聽到的說法。姑且不論從歷史的角度看，這是否正確，這樣的說法認為，心智的玩興和認真，是藝術最理想的境界。當藝術家太過注重方法和材料時，他的技術也許高超純熟，卻沒有**卓越的**藝術精神。如果需要過多的技術手法，來呈現栩栩如生的構想，或許美感仍然存在，但是所呈現的藝術卻不完美，無法完整表達情感。當對目的想法適當充足時，這樣的想法就會轉變成實現目的的方式，或者是因為發現方法能夠達成目的，而因此激發了對方法的注意力，於是，我們便有了藝術家典型的態度，這樣的態度在任何活動中都可能出現，不僅僅是通常被歸類為藝術的活動。

> 老師的藝術在培育這種態度時達到顛峰

教學是一門藝術，老師就是藝術家，這是我們都不陌生的說法。是否能夠認為老師是藝術家，這取決於他培育學生藝術家態度的能力，不管學生是青少年還是兒童。有些老師成功地引發熱情、傳達豐富的想法、激起活力。這到目前為止都不錯，但是，最終的測試是，老師為了達成更廣大目標，所提供的刺激，是否能夠成功地轉變成力量，也就是說，刺激是否變成了觀察細微的注意力，能夠嫻熟地執行方法手段。如果沒有的話，熱情就會減退、興趣就會消散，理想的狀態變成模糊的記憶。另外一些老師成功地訓練學生對學科的才能、技能，學生完全掌握了學科的技巧。到目前為止，這些也都挺好的，但除非訓練能夠拓展心智視野、能夠幫助分辨最終價值、並帶來對想法和原則的理解，否則最後的結果便是，學生隨意地使用各種技能以達成目的。根據不同的情況，這些專業的技能可能是滿足自身利益的聰明伶俐，也可能是替他人完成目的的聽話順從，或者是無趣的艱辛工作。培育啟發人心的目標，以及能夠執行的方法，並讓兩者和諧一致，對老師而言，是困難但有意義的。

3 遙遠的事物和鄰近的事物

認為不應該教導學生任何陌生事物的老師，都會驚訝地發現，學生在接觸自己世界之外的事物時特別活躍，反倒是在學習熟悉事物的時候無動於衷。學習地理的時候，在平原上的孩子，似乎對自己本身所處環境的知識毫無反應，反而著迷於高山深海。學生無法詳細描述他們已經熟知的事物，老師從他們的文章中看不出所以然來，但是老師有時卻發現，學生滿腔熱情地描寫天馬行空的想像。一位從事教育工作的女士，記錄了她在工廠工作的經驗。她在上班的時候，試著講《小婦人》的故事給一些在工廠工作的女孩聽。女孩們對故事一點興趣都沒有，並且說：「那些女孩的故事還沒我們的有趣。」她們想要聽的是，關於大富翁和貴族的故事。一個人想要知道，每天從事規律勞動工作的人，有著什麼樣的心理狀態；他問一個在棉花工廠上班的蘇格蘭女孩，整天都在想什麼。女孩說當她不忙著操作機器的時候，想像自己嫁給了一位公爵，然後一整天都想著他們在一起的富裕生活。

> 因為只有新穎的事物才會受到注意

當然，提出這些例子，並不是要鼓勵那些追求感官、非比尋常，或是難以理解的教學方法。提出這些例子的用意，是要強調熟悉或是鄰近的事物，並不會激發思考或值得加以思考，只有運用它們來理解陌生和遙遠事物的時候，才會產生思考。我們不注意陳舊的事物，也不會特意地留心那些已經完全習以為常的事物，這在心理學中已是老生常談。也有充分的理由支持這樣的論點，新的情境不斷出現，我們在應該調適自己以適應新情境時，卻只專注於舊的事物上，不僅浪費時間又危險。思考應該留給那些新穎的、不確定的、有問題的

而只能藉由舊的事物才能被注意到

提供的事物和聯想到的事物

事物。因此，在要求學生思考他們已經熟悉的事物時，學生會覺得心智受到限制，覺得失去了方向。舊的、鄰近的、習慣的事物，並不是我們需要**處理應對**的事物，而是我們需要**加以運用**的事物；這些事物並不會提供和問題相關的資訊，而是提供了解決方法的資訊。

前段的最後一句話，點出了在反思中新舊事物的平衡，以及遠近事物的平衡。提供刺激和動機的事物越遙遠，方法和可用的資源，便來自於更接近身邊的事物。這樣的原則，也可以用下列的方式闡述：簡單和困難的事物比例相稱時，就會產生最佳思考。簡單的事物和熟悉的事物等義，陌生的事物和困難的事物，也有著相等的意思。過多的簡單事物，會讓探索無從開始；過多的困難事物，則讓探索無所適從。

遠近事物之間必要的互動，來自思考的本質。只要思考存在，當下存在的事物便令人聯想到、並也代表著尚未存在的事物。因此，除非熟悉的事物在某種不尋常的情境中出現，否則思考不會因此而生，也不需要聯想到不存在的事物，來理解這個熟悉的事物。假如眼前的科目是完全陌生的，那就沒有辦法聯想到任何能夠用來了解這個科目的事物。舉例而言，一個人剛開始學習分數

觀察提供了鄰近的事物，想像則提供了遙遠的事物

的時候，一定完全困惑不清，因為對他來說，分數和他已經學會的整數，並沒有關聯。等他已經十分熟悉分數時，他對分數的概念，便只是做某件事的指示；是可以不用思考，便對此做出反應的「替代符號」。（參見第p.291）。但是，如果在整體情況下，出現了某種新穎的事物，因而產生了不確定性，那麼回應就不完全是習慣性的，因為我們使用這個習慣性的活動，來解決問題。這樣螺旋式的過程沒有盡頭：陌生的主題經由思考，而轉變為熟悉的事物，並且成為以後判斷和消化吸收其他陌生主題的資源。

每個心智都需要想像和觀察，這就闡述了相同原則的另一個層面。使用傳統實物教學法的老師通常都會發現，學生在接觸新課程時，會覺得新課程是一種娛樂，而興致盎然，要是課程變成單純的上課內容時，上課就像極端呆板地學習單純符號一樣地無聊乏味。客體不會因為想像力，而更臻完美。認為只教導「事實」會教出思想狹隘的葛萊恩先生[1]是合理的想法，但並不是因為事實本身局限人心，而是因為事實被視為不容置疑且快速現成，以致想像力毫無容身之處。讓事實存在，以便能夠刺激想像力，文化自然就會隨之而至。相反的觀點也同樣正確。想像的事物並非一定是虛構的事物，也就是不真實的。想

像的適切功能是，呈現在當前感知情境下，無法展現的現實。想像的目標是，清晰明確地洞悉遙遠、不存在的、隱晦的事物。歷史、文學、地理、科學原則、甚至是幾何和算數，都包含著必須要用想像力理解的事物，如果能夠理解的話。想像增補並深化了觀察，只有在想像變成幻想的時候，它才會取代了觀察，並且喪失了邏輯的力量。

經由他人的經驗溝通交流而體驗

個人本身因接觸其他人事物，所產生的經驗（較狹隘的經驗），以及經由和他人溝通交流，而使他人的經驗成為了自身的經驗（較寬廣的經驗）；在這兩種經驗領域的關係中，我們看到了關於遠近事物平衡的最後一個例子。因為傳授學生大量的教材，而壓抑了學生本身重要的（雖然狹隘）經驗，是指導常有的風險。溝通始於簡單的感知和動力，當溝通交流的事物啟發了更完整、重要的生命時，指導結束，而教學開始。老師不再只是經師，而開始成為人師。

註1 Gradgrind，狄更斯小說《艱難時世》（*Hard Times*）中的角色，是退休的五金批發商人、國會議員兼教育家，注重實利且不講情義，自命不凡，以功利主義作為生活原則，教育子女講究實事求是，不准他們閱讀詩歌和故事。

真正的溝通具有感染力，不應該認為孩子和他人之間，不需要溝通想法和目的，削弱了溝通的真義。

國家圖書館出版品預行編目(CIP)資料

我們如何思考 / 約翰.杜威(John Dewey)著 ; 章瑋譯. -- 初版. -- 臺北市 : 商周出版 : 家庭傳媒城邦分公司發行, 2017.06
面 ; 公分. -- (全腦學習系列 ; 28)
譯自 : How we think
ISBN 978-986-477-243-8(平裝)

1.思考 2.教育心理學

176.4 106006963

全腦學習系列028

我們如何思考：杜威論邏輯思維

作　　者／約翰・杜威 John Dewey
譯　　者／章瑋
企劃選書／黃靖卉
責任編輯／彭子宸

版　　權／吳亭儀、江欣瑜
行銷業務／周佑潔、賴玉嵐、林詩富、吳藝佳、吳淑華
總 編 輯／黃靖卉
總 經 理／彭之琬
第一事業群總經理／黃淑貞
發 行 人／何飛鵬
法律顧問／元禾法律事務所 王子文律師
出　　版／商周出版
台北市115南港區昆陽街16號4樓
電話：(02) 25007008　傳真：(02)25007759
E-mail：bwp.service@cite.com.tw
發　　行／英屬蓋曼群島商家庭傳媒股份有限公司城邦分公司
台北市115南港區昆陽街16號8樓
書虫客服服務專線：02-25007718；25007719
服務時間：週一至週五上午09:30-12:00；下午13:30-17:00
24小時傳真專線：02-25001990；25001991
劃撥帳號：19863813；戶名：書虫股份有限公司
讀者服務信箱：service@readingclub.com.tw
城邦讀書花園：www.cite.com.tw
香港發行所／城邦（香港）出版集團
香港九龍土瓜灣土瓜灣道86號順聯工業大廈6樓A室 1F E-mail：hkcite@biznetvigator.com
電話：(852) 25086231　傳真：(852) 25789337
馬新發行所／城邦（馬新）出版集團【Cite (M) Sdn Bhd】
41, Jalan Radin Anum, Bandar Baru Sri Petaling,
57000 Kuala Lumpur, Malaysia.
電話：(603) 90563833　傳真：(603) 90576622
Email: services@cite.my

封面設計／朱陳毅
內頁設計排版／洪菁穗
印　　刷／韋懋實業有限公司
經 銷 商／聯合發行股份有限公司
地址：新北市231新店區寶橋路235巷6弄6號2樓
電話：(02)2917-8022 傳真：(02)2911-0053

■2017年6月6日初版
■2024年7月16日初版7刷

ISBN 978-986-477-243-8　Printed in Taiwan

定價320元

城邦讀書花園
www.cite.com.tw

商周出版

廣 告 回 函
北區郵政管理登記證
北臺字第000791號
郵資已付，免貼郵票

115　台北市南港區昆陽街16號8樓

英屬蓋曼群島商家庭傳媒股份有限公司城邦分公司　收

請沿虛線對摺，謝謝！

商周出版

書號：BU1028	書名：我們如何思考	編碼：

請於此處用膠水黏貼

商周出版

讀者回函卡

感謝您購買我們出版的書籍！請費心填寫此回函卡，我們將不定期寄上城邦集團最新的出版訊息。

不定期好禮相贈！
立即加入：商周出版
Facebook 粉絲團

姓名：＿＿＿＿＿＿＿＿＿＿＿＿＿＿ 性別：☐男 ☐女

生日：西元＿＿＿＿年＿＿＿＿月＿＿＿＿日

地址：＿＿＿＿＿＿＿＿＿＿＿＿＿＿

聯絡電話：＿＿＿＿＿＿＿＿ 傳真：＿＿＿＿＿＿＿＿

E-mail：

學歷：☐ 1. 小學 ☐ 2. 國中 ☐ 3. 高中 ☐ 4. 大學 ☐ 5. 研究所以上

職業：☐ 1. 學生 ☐ 2. 軍公教 ☐ 3. 服務 ☐ 4. 金融 ☐ 5. 製造 ☐ 6. 資訊
☐ 7. 傳播 ☐ 8. 自由業 ☐ 9. 農漁牧 ☐ 10. 家管 ☐ 11. 退休
☐ 12. 其他＿＿＿＿＿＿＿＿

您從何種方式得知本書消息？

☐ 1. 書店 ☐ 2. 網路 ☐ 3. 報紙 ☐ 4. 雜誌 ☐ 5. 廣播 ☐ 6. 電視
☐ 7. 親友推薦 ☐ 8. 其他＿＿＿＿＿＿＿＿

您通常以何種方式購書？

☐ 1. 書店 ☐ 2. 網路 ☐ 3. 傳真訂購 ☐ 4. 郵局劃撥 ☐ 5. 其他＿＿＿＿

您喜歡閱讀那些類別的書籍？

☐ 1. 財經商業 ☐ 2. 自然科學 ☐ 3. 歷史 ☐ 4. 法律 ☐ 5. 文學
☐ 6. 休閒旅遊 ☐ 7. 小說 ☐ 8. 人物傳記 ☐ 9. 生活、勵志 ☐ 10. 其他

對我們的建議：＿＿＿＿＿＿＿＿＿＿＿＿＿＿

【為提供訂購、行銷、客戶管理或其他合於營業登記項目或章程所定業務之目的，城邦出版人集團（即英屬蓋曼群島商家庭傳媒（股）公司城邦分公司、城邦文化事業（股）公司），於本集團之營運期間及地區內，將以電郵、傳真、電話、簡訊、郵寄或其他公告方式利用您提供之資料（資料類別：C001、C002、C003、C011 等）。利用對象除本集團外，亦可能包括相關服務的協力機構。如您有依個資法第三條或其他需服務之處，得致電本公司客服中心電話 02-25007718 請求協助。相關資料如為非必要項目，不提供亦不影響您的權益。】

1.C001 辨識個人者：如消費者之姓名、地址、電話、電子郵件等資訊。
2.C002 辨識財務者：如信用卡或轉帳帳戶資訊。
3.C003 政府資料中之辨識者：如身分證字號或護照號碼（外國人）。
4.C011 個人描述：如性別、國籍、出生年月日。

請於此處用膠水黏貼

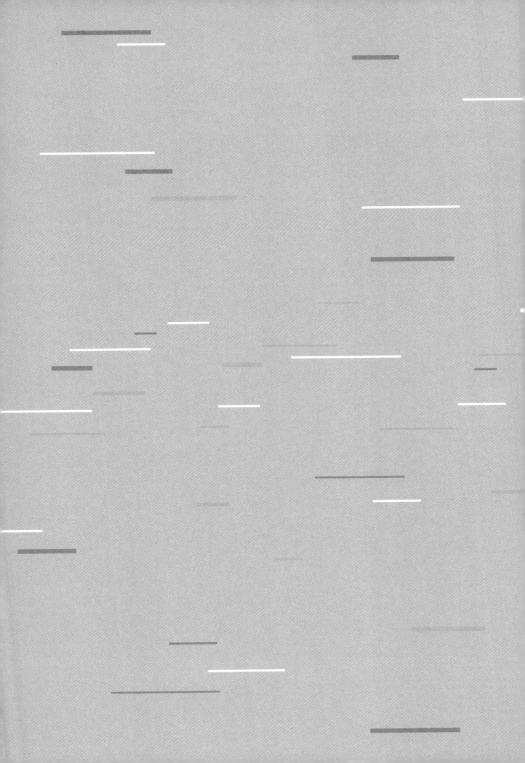